Bienvenido a la Empresa: Más de 200 consejos para asegurar tu contratación

Matias Astori

Published by Perlectus Publishing, 2014.

Todos los derechos reservados. Ninguna parte de este libro puede ser reproducida, distribuida o transmitida en ninguna forma sin el previo permiso por escrito del autor, excepto en los casos de citas breves personificadas a comentarios críticos y demás aplicaciones no comerciales permitida por la ley de Derechos de Autor.

BIENVENIDO A LA EMPRESA: MÁS DE 200 CONSEJOS PARA ASEGURAR TU CONTRATACIÓN

Primera edición. 3 de julio de 2014

Copyright © 2014. Matias Astori

Todos los derechos reservados

Escrito por Matias Astori

10 9 8 7 6 5 4 3 2 1

Aclaraciones lingüísticas

Este libro se distribuye oficialmente en la mayoría de los países donde el idioma español —castellano— sea un idioma oficial o *de facto;* así como en aquellos países en donde exista una gran comunidad hispanohablante, como los Estados Unidos y Canadá.

Debido a la riqueza lingüística del idioma español, muchas palabras de uso común resultan ser totalmente desconocidas o poco comunes en otros países igualmente hispanohablantes.

A pesar de que este libro ha sido escrito en un español lo más neutral posible, muchas de las palabras utilizadas podrían crear una pequeña barrera lingüista entre los diferentes dialectos del idioma español.

Para evitar confusiones lingüísticas, algunas palabras de este libro mostrarán sinónimos dentro de paréntesis —únicamente la primera vez que se muestren— para romper cualquier barrera lingüística entre los lectores, independientemente de la variante lingüística que estos utilicen en su vida diaria.

Nótese también que se han utilizado las últimas reglas gramaticales de acentuación —uso de tilde— propuestas por la Real Academia Española; por lo que las palabras ése, ésa, éste, ésta y sólo, no aparecen acentuadas en este libro.

"Cada mañana en la sabana africana, una gacela se despierta. Sabe que tiene que correr más rápido que el león más rápido para no ser cazada y morir ese día.

Cada mañana en la sabana africana, un león se despierta. Sabe que tiene que alcanzar a la gacela más lenta para no morir de hambre ese día.

No importa si eres león o gacela, cuando sale el sol debes comenzar a correr".

—Herb Caen

Introducción

Terminaste la universidad y por más que buscas no encuentras trabajo.

¿Te parece familiar?

Tienes dos licenciaturas (grados) y una maestría, vas a solicitar empleo y te dicen: "Lo sentimos. No es lo que buscamos en este momento".

¿Te suena?

Llevas tu currículum a varias empresas y siempre recibes la misma respuesta: "Gracias por considerarnos. Pero no tenemos vacantes disponibles"; o "Gracias. Pero ya encontramos a alguien".

O peor aún, recibir la frase más frustrante de todas. Aquella que sabes que es un «no» expresado de forma disimulada: "Nosotros te llamamos".

¿Te sientes identificado?

En la actualidad, la búsqueda de empleo se ha convertido en una tarea difícil y frustrante. El mundo laboral está tan saturado que se ha vuelto casi imposible encontrar un puesto laboral.

Miles de estudiantes egresan de la universidad cada año y de todos ellos, muy pocos lograrán obtener un empleo satisfactorio. Otros más trabajarán en oficios que no tienen nada que ver con la profesión que estudiaron. Y muchos otros tomarán un empleo que pudieron haber obtenido sin haber asistido a la universidad.

Algunos profesionales (profesionistas) han tenido que rebajar sus precios para poder competir con la enorme cantidad de graduados; cobrando incluso precios tan reducidos que se podrían considerar como una miseria.

Algunos ejemplos son los casos de los diseñadores de sitios web en España, o los diseñadores gráficos en América Latina. Incluso los médicos, quienes han tenido que rebajar sus precios en varios lugares; como es el caso de los recién graduados de medicina en México, quienes tienen que competir con los médicos que trabajan en las farmacias y sus reducidos precios de entre veinte y cincuenta pesos mexicanos —menos de cuatro dólares americanos— por consulta medica.

La situación actual tampoco ayuda. La crisis afecta a muchos países, incluyendo a varios países europeos, como es el caso de España; donde el desempleo ha alcanzado cifras tan altas que hace que varios jóvenes españoles dejen su país para probar suerte en el exterior.

La situación empeora fuera de Europa, ya que a diferencia de los poseedores de un pasaporte europeo, los ciudadanos de otros países no pueden migrar con tanta facilidad para buscar mejores oportunidades... al menos no en forma legal.

Cuando los estudiantes universitarios obtienen su título (grado, diploma universitario) creen que tendrán todas las puertas abiertas. Creen que con su título en mano serán recibidos y contratados en la primera empresa que ellos elijan. Y que todas las empresas les estarán esperando con un buen salario y un excelente ambiente laboral.

El optimismo de los recién graduados es muy notable. Sin embargo, la realidad es muy diferente de la que ellos desean. El exceso de graduados y la escasez de puestos laborales crean una realidad muy distinta a las ilusiones de los recién graduados. Una realidad donde el desempleo y la falta de oportunidades son el estilo de vida que muchos jóvenes profesionales tienen que vivir en la actualidad.

La buena noticia es que puedes mejorar tus posibilidades para ser contratado. No tienes por qué ser una opción más del montón, sino que puedes comprender cómo funciona el proceso de selección de las empresas y pasar de ser uno más del montón a un prospecto sobresaliente.

En las siguientes páginas descubrirás cosas que posiblemente nunca te pasaron por la mente, cosas que nunca pensaste necesario aplicar en la búsqueda de empleo. Y al mismo tiempo, descubrirás que posiblemente habrás cometido muchos errores al momento de solicitar empleo.

La gente suele pensar que siempre hace lo correcto, que si alguien no los entiende o los acepta, es porque los demás están equivocados. Pero pronto descubrirás que el error muchas veces estuvo en ti y no en los demás.

Aprenderás cómo elaborar y utilizar un currículum, que aunque parezca obvio, es posible que hayas cometido demasiados errores anteriormente.

También aprenderás a vestir adecuadamente para la entrevista de trabajo, junto con varios trucos más. Algunos de ellos te podrían llegar a parecerán muy obvios, pero te darás cuenta de que no los habías aplicado antes. Y quizá, esos pequeños detalles hubieran marcado una enorme diferencia.

También encontrarás algunas anécdotas con las que podrías sentirte identificado y que te ayudarán a motivarte o a evitar que cometas algún error.

Te recomiendo que leas este libro por completo antes de aplicar los consejos aquí mencionados. No saltes ningún capítulo pensando que no es necesario leerlo. Ahí podría estar aquello que necesitas para aumentar tus posibilidades de ser contratado.

Si tienes suficiente experiencia laboral, podrías saltar el capítulo titulado «Construyendo la experiencia», pero aún así, te recomiendo que lo leas.

Al final de la mayoría de los capítulos encontrarás un resumen con los puntos más importantes del capítulo para futuras referencias. Sin embargo, como te sugerí antes, lo más recomendable es leer cada capítulo, sin saltar ninguno.

Cómo y por qué escribí este libro

Cuando terminé mis estudios universitarios en diseño gráfico decidí estudiar otra carrera para aumentar mis posibilidades de éxito. Acostumbrado a trabajar bajo presión en diseño gráfico, la nueva carrera me pareció bastante fácil.

En diseño gráfico me acostumbré a desvelarme, a trabajar bajo presión y a trabajar en proyectos laboriosos todos los días con sus noches. Al entrar a una carrera administrativa, las cosas fueron diferentes. Todo parecía muy fácil. Solo tenía que leer, investigar y redactar algunos ensayos. Tenía demasiado tiempo de sobra y llegué a sentirme como una persona ociosa y sin quehacer. Encontré algunos institutos que ofrecían cursos y diplomados en línea, lo cual sería muy benéfico y cómodo para mí.

Decidido a no perder el tiempo, y a enriquecer aún más mis conocimientos, me matriculé (inscribí) en varios cursos y diplomados, entre ellos psicología, sociología, antropología, e introducción a las neurociencias. Todos esos cursos complementaban mi fascinación por comprender las complejas relaciones humanas, la cual había comenzado algunos años atrás cuando comencé a estudiar programación neurolingüística. Posteriormente, dediqué los siguientes cinco años de mi vida a entender las relaciones humanas.

Mientras aún seguía siendo un estudiante, me encontraba con frecuencia con algunos amigos que había hecho en la universidad cuando estudiaba diseño gráfico. Me preguntaban sobre la nueva carrera y yo les preguntaba sobre sus vidas como graduados. La gran mayoría de ellos me daba una respuesta decepcionante: no encontraban empleo.

BIENVENIDO A LA EMPRESA: MÁS DE 200 CONSEJOS PARA ASEGURAR TU CONTRATACIÓN

Les preguntaba si estaban buscando algo y me decían que los pocos trabajos que había, o estaban escasamente remunerados o solicitaban a personas con experiencia. Eso me asustó un poco. Después de todo, aún seguía estudiando. Y debido a los diplomados extracurriculares que estaba tomando en ese momento, no tenía tiempo para «tener experiencia».

Decidí buscar un empleo de medio tiempo para «construir» esa experiencia que las empresas solicitan. Rápidamente encontré un empleo como diseñador web; sin embargo, tuve que rechazarlo debido a que el puesto disponible estaba en una ciudad que se encuentra a tres horas de donde vivía y a cuatro horas de donde estudiaba; por lo que irrumpía con mi horario de clases. Lo importante era que me habían ofrecido el empleo. Eso me hizo sentir un poco más confiado.

Unos meses después fui a buscar empleo en otra empresa. En esta ocasión me habían ofrecido un trabajo temporal de solo dos meses, ya que no necesitaban a un diseñador gráfico de tiempo completo, solo necesitaban a alguien que elaborara una presentación profesional, con animaciones y gráficos de calidad.

Quedé impactado con lo rápido que había logrado conseguir empleo. Pero al mismo tiempo eso me hizo pensar en la situación de mis compañeros.

Sé que siendo amigos o no, ellos son mi competencia. Sabía que si no obtenía un empleo, ellos lo buscarían; y que la búsqueda de empleo es como la reflexión del león y la gacela. No importa si eres león o gacela, cuando sale el sol, debes correr o morirás.

En una ocasión salí con un amigo. Comenzamos a platicar y él sacó el tema de un puesto de trabajo que estaba buscando.

Tenía que enviar su currículum y presentase a una entrevista. Me dijo que había intentado entrar a trabajar en varias empresas sin éxito, y que creía que no valía la pena ir a aquella entrevista. Me sentí un poco angustiado por él y le sugerí algunas recomendaciones. Le di algunas indicaciones y le expliqué por qué debía aplicarlas. Me dijo que no tenía nada que perder y que lo iba a intentar.

Mi amigo me llamó a la semana siguiente para decirme que había obtenido el puesto de asistente gerencial en una agencia de publicidad. Me alegré por él, y al mismo tiempo me di cuenta de la enorme diferencia que se obtiene cuando se «manipulan» las probabilidades. Ayudé a un par de amigos más y obtuvieron resultados similares.

Diariamente leía o escuchaba historias acerca de jóvenes que no encontraban empleo, así que decidí escribir un libro con los conocimientos que tenía sobre relaciones humanas y aquellos temas que había estudiado en los cursos y diplomados extracurriculares que había tomado.

Decidí organizar la información, pero rápidamente me di cuenta de que quería escribir un libro que ayudará a las personas a encontrar un empleo, ese sería el tema principal, no las relaciones humanas.

Pronto recordé que durante mis años como estudiante de diseño gráfico había trabajado en un periódico para una clase de producción editorial. Y uno de mis reportajes había sido precisamente sobre la búsqueda de empleo, y para elaborar mi reportaje me había puesto en contacto con varios gerentes, supervisores, empleadores y consultores de recursos humanos de Europa, Estados Unidos, Canadá, América Latina, Australia y Singapur. Les dije que estaba realizando una investigación

BIENVENIDO A LA EMPRESA: MÁS DE 200 CONSEJOS PARA ASEGURAR TU CONTRATACIÓN 11

sobre reclutamiento y posicionamiento laboral alrededor del mundo. Muchos de ellos habían accedido a una entrevista por videoconferencia, donde obtuve aún más conocimientos sobre la competencia laboral alrededor del mundo. No solamente eso, sino que también había obtenido consejos prácticos de personas cuyo trabajo es seleccionar recursos humanos.

Busqué los archivos donde había guardado la información obtenida en aquellas videoentrevistas, pero ya habían pasado más de cuatro años. Por un momento pensé que había perdido esa información por completo, pero un día, cuando necesitaba guardar toda mi colección de música para poder formatear mi ordenador (computadora), busqué una memoria USB (memoria *flash*, *pendrive*) que ya no utilizaba. Afortunadamente, esa memoria contenía varios de mis trabajos de diseño gráfico y entre ellos, la transcripción de aquellas entrevistas.

En ese momento me di cuenta de que ya poseía información suficiente para elaborar un libro que pudiera ayudar a las personas a obtener empleo. No solo poseía ciertos conocimientos sobre relaciones humanas, sino que también había recuperado la información de aquellas entrevistas que tuve con varios reclutadores de recursos humanos alrededor del mundo.

Este libro contiene información muy útil que te ayudará a aumentar tus probabilidades de éxito. No es una varita mágica que con solo agitarla obtendrás todo lo que deseas. Pero sí es de gran utilidad para aumentar tus posibilidades de encontrar un empleo, o si ya lo tienes, para encontrar un empleo mejor pagado o con un mejor ambiente laboral. Esa es tu decisión.

El currículum

Muchas personas subestiman el poder del currículum. Puede que incluso estés pensando que será una pérdida de tiempo leer este capítulo. Pero después de leerlo comenzarás a darte cuenta de cuáles han sido los errores que habías cometido en el pasado, y a partir de ahí podrás comenzar a construir o pulir tu currículum.

El currículum puede tener incluso más peso que tu título universitario. Esto se debe a que el título universitario únicamente dice que terminaste una licenciatura en determinada universidad, el año de expedición y nada más. No hay ninguna información relevante en un título universitario. Y a menos que tu diploma sea de una prestigiosa universidad como Harvard u Oxford, en realidad no es tan importante, aunque sí un requisito.

El título es un requisito en la mayoría de empleos, ya que certifica que tienes una formación relacionada con el puesto que deseas cubrir. Sin embargo, los entrevistadores y los encargados de recursos humanos saben que muchas veces, el alumno universitario aprovecha ese tiempo de su vida para divertirse en lugar de estudiar; y por lo tanto, los conocimientos adquiridos casi siempre son escasos.

Los responsables de recursos humanos saben que el título universitario es solo un documento que ciertamente no refleja nada sobre la persona que busca el empleo. Por esta razón el currículum tiene mucha más importancia que el título. Aún así, no olvides llevar tu título a la entrevista.

La mayoría de las personas no tienen idea de cómo elaborar un currículum y tratan de llenar hojas con datos realmente

BIENVENIDO A LA EMPRESA: MÁS DE 200 CONSEJOS PARA ASEGURAR TU CONTRATACIÓN

innecesarios. Elaboran un currículum pensando que cuantas más cosas pongan ahí, mayores serán sus posibilidades de ser contratados. Y muchas veces, tratando de impresionar al empleador, incluyen datos falsos o exagerados. Un grave error.

Agregar datos exagerados, o incluso falsos, puede parecer una ventaja para ti. Es posible que te den el empleo, pero podrías perderlo rápidamente cuando no seas capaz de demostrar lo que decía tu currículum. O peor aún, podrías quedar en ridículo y perder cualquier oportunidad de conseguir el empleo.

Anécdota útil

Tengo un amigo que trabaja como gerente en una empresa internacional. Su departamento de recursos humanos revisa las solicitudes de todos los aspirantes y selecciona a tres posibles candidatos para cada puesto. Al final, los tres seleccionados son citados de forma individual para una última entrevista con mi amigo. Él entrevista a cada uno de ellos y finalmente selecciona al candidato más adecuado.

En una ocasión pasé a visitarlo porque me pidió que diera unos talleres sobre liderazgo a su personal. Fui a su oficina para acordar el día y la hora de los talleres. Después de hablar sobre los talleres, me pidió que me quedara otra hora más para que yo entrevistara a uno de los aspirantes que tenía cita con él ese día. Me dijo que era el aspirante que más le convencía debido a su preparación; sobre todo porque que hablaba varios idiomas. Pero quería estar seguro antes de contratarle; así que me pidió que lo entrevistara en inglés y ruso, mientras él observaba.

El aspirante llegó puntual, vestía de forma elegante, mostraba confianza en sí mismo y era muy social. Era el candidato perfecto.

Pasamos los tres a la oficina. Comencé a hacerle preguntas en inglés y contestó adecuadamente, aunque algo lento; no tenía suficiente fluidez. Luego comencé a hacerle preguntas en ruso. En esta ocasión, no pudo contestar nada. Ni siquiera fue capaz de responder un simple saludo.

En su currículum había escrito que hablaba inglés, ruso, francés, alemán y portugués con fluidez; pero era obvio que por lo menos, no hablaba ruso. Tal vez adornó un poco su currículum creyendo que nadie lo descubriría. Después de todo, en la localidad donde nos estábamos es muy difícil encontrar a alguien que hable algún idioma extranjero diferente al inglés. Seguro nunca esperó encontrarse con alguien que habla ruso.

No hace falta decir que no le dieron el empleo y que además, perdió toda oportunidad de entrar a trabajar en esa empresa. Lo más triste de todo es que mi amigo me dijo que, de no haber mentido en su currículum, hubiera conseguido el empleo; ya que a primera vista era el candidato ideal.

La moraleja de esta anécdota es que nunca debes exagerar los datos de tu currículum. Hay que ser honestos y mencionar únicamente aquello que podamos demostrar. De lo contrario, en cualquier momento podrían descubrirnos, lo que sería muy negativo e incluso humillante.

Mentir o «adornar» un poco la información es uno de los errores más comunes a la hora de elaborar un currículum. Pero hay otro error que hace que muchos aspirantes se sientan como unos fracasados al darse cuenta de que han enviado cientos de hojas de vida a diferentes empresas y en ninguna los contratan.

Ajusta tu perfil al de la empresa

Cuando se elabora un currículum, hay que hacerlo de acuerdo con el perfil de la empresa, es decir, adecuarlo a los requerimientos de la misma.

Cada empresa es única y por lo tanto, tu currículum también debe serlo. Imagina que eres un licenciado en diseño gráfico y buscas empleo como diseñador web. Si buscas un empleo de diseño web, no importará mucho tu anterior trabajo como diseñador de interiores; ni tampoco tu trabajo de verano como vendedor de videojuegos. Esas dos actividades no tienen nada que ver con el trabajo de diseño web que la empresa está ofreciendo. De igual forma, y a manera de ejemplo, no sería buena idea indicar que fuiste campeón de algún concurso en solitario, como ajedrez o deletreo, cuando el perfil que busca la empresa es de trabajo en equipo.

No caigas en el error de enviar el mismo currículum a diferentes empresas. Tu currículum difícilmente se ajustará a lo que la empresa busca. Si la empresa necesita un asesor de ventas, buscarán a alguien que cubra ese perfil.

Recuerda siempre ajustar tu currículum al perfil de la empresa. En los siguientes capítulos aprenderás a reconocer el perfil de la empresa, lo cual será de mucha ayuda, tanto al momento de pulir tu currículum, como al momento de la entrevista.

Mantén siempre actualizado tu currículum. Incluye siempre tus datos principales y recuerda que tu currículum será uno más del montón. Entonces, ¿qué se puede hacer para destacarlo del resto?

Destacar el currículum

¿Te has fijado qué es lo que más se lee en las revistas, o en los diarios? Lo que más nos atrae la atención son los encabezados atractivos. Así que no olvides incluir algo como: **Administrador de empresas con especialidad en negocios internacionales y 5 años de experiencia. O Licenciado en mercadotecnia con experiencia en gestión de campañas de alto impacto.**

Crear un encabezado llamativo en tu currículum eleva tus oportunidades de que sea leído. Es verdaderamente ingenuo creer que todas las solicitudes son leídas de forma detallada. Si quieres que tu currículum sea leído, utiliza un encabezado que se adapte a lo que la empresa está buscando. Recuerda ser honesto con tu encabezado, de lo contrario, crearás el efecto contrario.

Primera impresión y comunicación

Otro punto importante es la ortografía y la redacción de tus documentos. Tu currículum y tu solicitud de empleo son tu carta de presentación, tu primera impresión. Si no cuidas tu ortografía, podría ser perjudicial. Cuando buscas un empleo, quieres demostrar que eres capaz de cubrir el puesto de trabajo. ¿Realmente crees que preferirán a alguien con mala ortografía?

Una buena ortografía no te dará una mayor ventaja, pero ten en cuenta que una mala ortografía te quitará muchos puntos. Por otro lado, trata de cuidar tu redacción.

Recuerda que todas las solicitudes de empleo son leídas por personas, que al igual que tú, se aburren con mucha facilidad cuando leen algo que no les interesa demasiado. Y si además es difícil de leer, preferirán leer otra solicitud que sea más inteligible (entendible).

El currículum y la solicitud de empleo son formas de comunicación escrita. La palabra clave aquí es comunicación. Si hablas español y te hablan en japonés, es muy probable que no entiendas nada debido a que no hablas el mismo idioma. Lo mismo ocurre con el currículum y la solicitud de empleo. Debes utilizar palabras que cualquier persona entienda. Es posible que tu currículum sea leído por un administrador o un psicólogo, y que posiblemente no esté familiarizado con el lenguaje técnico de tu profesión.

Evita utilizar un vocabulario rebuscado y rico, pero aburrido y no «digerible» para algunas personas. En su lugar, utiliza un vocabulario más conocido e inteligible.

Recuerda ser breve. Habrá muchas otras solicitudes que leer. No hagas tu currículum demasiado largo, podría ser descartado antes de ser leído. Un currículum debe ser breve, pero no por ello debe ser austero. Recuerda que debes adecuarlo al perfil que está buscando la empresa, por lo que no debería suponer algún problema eliminar la información que no se adecue al perfil.

Cada detalle es importante

Muchas personas cometen el error de utilizar fuentes (tipografía, tipo de letra) «atractivas», de aspecto informal e infantil que, en lugar de aportar estética al documento, le restan profesionalismo.

Dependiendo la personalidad que desees proyectar, es la fuente que debes utilizar.

Para las empresas formales y conservadoras, o si quieres promocionarte como una persona elegante y formal, opta por tipografías como Times, Times New Roman, Baskerville o Georgia.

Si vas a enviar tu currículum a alguna empresa de personalidad moderna, innovadora y juvenil, o si deseas promocionarte como una persona creativa, moderna, innovadora, extravertida y generadora de ideas, opta por fuentes como Helvetica, Calibri, Myriad Pro o Arial.

Nunca utilices tipografías informales e infantiles como *Comic Sans*. Tampoco utilices fuentes que simulan ser letras manuscritas; este tipo de fuentes restan profesionalismo y entorpecen la lectura. Nadie querrá esforzarse en leer tu currículum cuando hay muchos otros que leer.

Justifica el texto del currículum hacia la izquierda. El *New York Times* señala que muchos profesionales de recursos humanos prefieren la justificación del texto a la izquierda debido a que resulta más fácil de leer.

El tamaño de la fuente debe ser entre 10 y 12 puntos. Nunca más que 12 puntos, ni menos que 10. El texto debe ir siempre en color negro, nunca en otro color. Tal vez se pueda hacer una excepción con los títulos y encabezados, los cuales pueden ir en algún otro color, de preferencia en azul marino.

Y si bien es cierto que los creativos profesionales, especialmente aquellos dedicados a las artes gráficas, podrían beneficiarse al elaborar un diseño creativo para su currículum y así resaltar más el mismo, lo cierto es que, a diferencia de los creativos profesionales, quienes han sido instruidos con conceptos como la proporción, la armonía, los principios del diseño y la teoría del color, la mayoría de las personas no poseen ese conocimiento, por lo que podrían arriesgarse al intentar crear un currículum creativo, especialmente al tratarse de la legibilidad de los textos bajo ciertas combinaciones de colores. Aunque claro está, si deseas impresionar al reclutador con un diseño creativo para tu currículum, podrías contratar a un creativo profesional que lo hiciera por ti y así evitar cualquier riesgo.

No abuses de las letras en negritas. Utilízalas únicamente para los encabezados y los títulos; o si desea resaltar algo realmente importante.

Las letras cursivas solo se permiten para hacer énfasis o distinguir algo en la misma frase, aun así trata de evitarlas. Tampoco utilices más de dos tipos de fuentes en todo tu texto. Recuerda que estás redactando tu currículum, no un periódico sensacionalista ni tampoco una revista pop.

Direcciones de correo electrónico

Uno de los errores más comunes a la hora de hacer un currículum, es colocar una dirección de correo electrónico con sobrenombres irónicos o alusivos como gatita910@mail.com, darknight39@email.com, chicomusculos34@e-mail.com. Este tipo de direcciones te restarán credibilidad ante el reclutador. Si tú no te preocupas por tu propia imagen ningún reclutador creerá que te preocuparás por la imagen de la compañía.

Casi todos los empleadores que entrevisté me dijeron que el uso de direcciones de correo electrónico con sobrenombres irónicos era decisivo para considerar a otro aspirante. Algunos de ellos opinan que las personas que utilizan ese tipo de direcciones electrónicas son personas que no han madurado aún y por lo tanto, no son personas de fiar para trabajar en una empresa.

Da de alta una dirección de correo electrónico con tu nombre, como marco.sanders@mail.com, carlos_falconi@email.com, rvillareal@e-mail.com. Utiliza tu dirección de correo electrónico como una oportunidad para posicionar tu nombre.

Recuerda que tu nombre es tu marca. Y cuanto más visto y sonado sea tu nombre, más probabilidades existen de ser recordado. Si las personas te recuerdan, más posibilidades habrán de que te consideren para el puesto de trabajo que buscas, o para cualquier oportunidad laboral que se presente en el futuro.

Longitud del currículum

El tamaño del folio (hoja de papel) debe ser A4 o carta. En la mayoría de los países se utiliza el formato A4; mientras que en los países de América del Norte, como Estados Unidos, Canadá y México, es más común el formato carta, un formato un poco más pequeño que el formato A4, y de uso estándar en los Estados Unidos.

Utiliza el formato más común en el país donde residas. Si utilizas formato carta en un país donde se utilice el formato A4, tu currículum será percibido como pequeño y por lo tanto, inferior a los otros; simple percepción. Por otro lado, si utilizas una hoja A4 en un país donde el estándar sea carta, tu currículum podría llegar a ser visto ligeramente más grande y por ello, más elaborado. Aunque lo ideal sería utilizar el formato estándar del lugar donde vives.

En Estados Unidos, Canadá y México, existe un tamaño de papel llamado legal (oficio). No recomiendo utilizar este tamaño de papel debido a que es mucho más grande que un folio carta, e incluso más grande que un folio A4. Utilizar un folio A4 en un país donde el tamaño carta sea el estándar sí podría darte una ligera ventaja, pero dudo mucho que tengas una mayor ventaja al usar un folio legal. Se trata de ser sutil al intentar utilizar la percepción a tu favor.

Utiliza una hoja para hacer tu currículum, dos hojas como máximo. La razón es que nadie querrá leer un currículum demasiado extenso. Además, ya se indicó la importancia de ajustar el currículum al perfil de la empresa. Si eres una persona con una amplia trayectoria, limita tu currículum a los últimos diez años de trayectoria profesional.

En cuanto a los datos personales, incluye tu nombre, teléfono de contacto y dirección de correo electrónico.

Tu estado civil podría influir en la decisión del reclutador. Recuerda que tu currículum es el primer contacto que tienes con la empresa, así que permite que el reclutador se centre en tus habilidades y tu experiencia, en lugar de que se deje influenciar por tu estado civil. Si te dan una cita es porque están interesados en tu formación académica y tus logros. Si tu estado civil es importante para el reclutador, él o ella te lo preguntará en la entrevista, pero de momento ya están interesados en ti.

Muchas personas se preguntan si es recomendable o incluso necesario incluir su fotografía en el currículum. La respuesta es no. De hecho, en algunos países, como en los Estados Unidos, está prohibido por la ley solicitar a los aspirantes incluir su fotografía en el currículum. Eso se debe a dos factores importantes: racismo y discriminación.

A pesar de todas las leyes que prohíben y condenan el racismo y la discriminación, no podemos negar que continúan siendo una realidad en todos los países del mundo. Ya sea por el color de la piel, el origen étnico, el género o la orientación sexual, la realidad es que el racismo y la discriminación son factores que continúan vigentes en las sociedades actuales.

Si bien es cierto que las personas físicamente atractivas se verían beneficiadas al incluir su fotografía, no lo recomiendo en absoluto. Cada vez más empresas deciden evitar recibir solicitudes con fotografía. Esto con el fin de evitar cualquier posible demanda por racismo o discriminación. Mi consejo sería evitar incluir tu fotografía y dejar que los encargados de recursos humanos se interesen por tus credenciales y tus logros.

Aunque también es cierto que algunas empresas solicitan que el currículum lleve alguna fotografía. De hecho, esta práctica es muy frecuente en países como México. En ese caso, al ser un requisito, sería necesario incluir tu fotografía.

Nota

En algunos lugares es necesario colocar el estado civil, ya sea por la legislación vigente o por situaciones culturales. Decide si colocas tu estado civil o no de acuerdo con las normas y costumbres de la localidad donde resides.

Aparte de los datos de contacto, asegúrate de que tu currículum contenga la siguiente información:

Formación: incluye la carrera que estudiaste, así como dónde estudiaste. Incluye tus maestrías y doctorados, si es que los tienes. Recuerda que no es necesario incluir tu educación básica.

Idiomas: Incluye los idiomas en los que seas capaz de comunicarte. Si entiendes varios idiomas, haz una lista ordenada de acuerdo con el nivel de fluidez que poseas. Especifica si eres capaz de hablar, leer y escribir; así como el nivel de fluidez.

Cursos y formación extracurricular: Incluye los talleres, conferencias y diplomados que has tomado.

Competencias y habilidades: ¿En qué destacas? ¿Qué te hace diferente de los demás? ¿Eres una persona social? ¿Tienes habilidades creativas? Cualquier cosa que te ayude a destacar.

Experiencia laboral: Incluye la experiencia laboral que tengas. No olvides ser selectivo con tu historial laboral para adaptarlo al perfil que busca la empresa.

Referencias laborales: Incluye tres referencias laborales que tu futuro empleador pueda contactar para verificar tus antecedentes laborales. Por obvias razones, si solo has tenido uno o dos empleos y solo contaras esas referencias, con eso bastará.

En cuanto a tu experiencia laboral, sé lo más específico posible. Muchas personas escriben su experiencia laboral en líneas generales, como por ejemplo, **Trabajé en una empresa de alimentos durante los últimos dos años.** Sin embargo, también se podría utilizar la frase: **Realicé procesos de compra y venta en una empresa de alimentos con ventas de doscientos mil dólares anuales; mis procesos contables ayudaron a reducir los costos en un 20 %.** Ambas afirmaciones hablan acerca de un candidato que trabajó en una empresa de alimentos. Pero la segunda afirmación es más detallada en cuanto a su puesto anterior. Los empleadores desean saber más que solo el lugar de tu último trabajo, ellos desean saber cuáles fueron tus funciones.

Lo mismo ocurre con los logros. Muchas personas cometen el error de colocar únicamente sus obligaciones.

Considera enfatizar tus logros, eso es lo que te hace destacar. Si tu trabajo anterior fue en una agencia de publicidad, en lugar de solo escribir: **Trabajé como fotógrafo en una agencia de publicidad**, podrías colocar: **Trabajé como fotógrafo en una agencia de publicidad, donde ayudé a reducir el tiempo de posproducción fotográfica.**

BIENVENIDO A LA EMPRESA: MÁS DE 200 CONSEJOS PARA ASEGURAR TU CONTRATACIÓN

Aunque parece algo simple, muchas personas cometen el error de colocar únicamente la información básica de su trabajo anterior, enfocándose en sus obligaciones anteriores y subestimando sus logros. Y por muy simple que este consejo pueda parecer para ti en este momento, en realidad puede significar una enorme diferencia.

Recuerda que tu currículum es uno más del montón. Tienes que hacer que tu currículum sobresalga de entre los demás si quieres que algún empleador te considere como la opción más viable para cubrir el puesto de trabajo que la empresa está ofreciendo. Y ser más específico en cuanto a los detalles de tu experiencia laboral, definitivamente te dará una ventaja sobre los demás.

Utiliza verbos de acción.

En lugar del típico, «estuve a cargo de», mejor utiliza verbos de acción. Te daré un ejemplo. En lugar de escribir: **Estuve a cargo del departamento de atención a clientes,** mejor escribe: **Mi función fue dar soporte a los clientes de la empresa. Atendía a un promedio de 1200 clientes por día.**

Los verbos de acción tienen un mayor impacto que el simple «estuve a cargo de», ya que como se mencionó antes, al ser más específico en tus funciones anteriores, los empleadores pueden darse una mejor idea de tus capacidades y tu experiencia laboral.

Los empleadores desean conocer tus antecedentes laborales, no solo en líneas generales, sino de forma específica. Eso los ayuda a tomar mejores decisiones. Y esa mejor decisión podrías ser tú.

Redes sociales, un arma de doble filo

Actualmente están de moda las redes sociales. Las redes sociales, como su nombre lo indica, son para socializar; o al menos, esa debería ser su función principal.

Cuando solicitas un empleo necesitas que los demás te vean como alguien profesional y competente. Necesitas que las personas piensen que no solo eres capaz de cubrir el puesto que estás solicitando, sino también que eres una persona discreta, prudente y educada.

Las redes sociales están llenas de indiscreciones. También hay que tener en cuenta que al crear una cuenta en una red social, nuestra privacidad es lo primero que se pierde. Tu información se vuelve prácticamente de dominio publico.

Puede que pienses que no tienes nada que ocultar, pero cuanto más información se sepa de ti, más vulnerable eres.

Estar en una red social te ayudará a reencontrarte con antiguos amigos y compañeros, o te mantendrá informado sobre las últimas novedades de tu circulo social, pero al mismo tiempo, es una herramienta que tu futuro empleador puede utilizar para «conocerte mejor». Y cuando digo «conocerte mejor», me refiero a conocerte en forma negativa.

Muchos empleadores utilizan las redes sociales para conocer a sus empleados, o a sus futuros empleados. En las redes sociales se puede observar cómo son realmente las personas, o al menos, eso es lo que se piensa.

Piensa por un momento en lo que pensaría tu futuro empleador si revisa tus redes sociales y observa esa fotografía tuya donde te encuentras totalmente alcoholizado. ¿Qué pensarían

BIENVENIDO A LA EMPRESA: MÁS DE 200 CONSEJOS PARA ASEGURAR TU CONTRATACIÓN

de ti después de ver los comentarios obscenos que hiciste? ¿Crees que ese comentario de odio —racista, intolerante, discriminatorio, sexista, homófobo...— que hiciste te hará quedar bien ante tu futuro empleador?

Muchas personas se han vuelto virales por un comentario inocente que fue malinterpretado. Y de igual forma, tu futuro empleador podría tener un mal concepto de ti, basándose únicamente en la información en tu perfil social.

Lo mejor es que evites colocar tus redes sociales. Las personas suelen ver las redes sociales como medios de comunicación y tal vez lo sean. Pero por lo general no se les da un uso adecuado. En tu currículum deberían aparecer tu número de teléfono y tu dirección de correo electrónico como datos de contacto. Si están interesados en ti, supongo que con esos datos se pueden comunicar contigo.

Existen algunas redes sociales «profesionales» donde puedes crear un currículum virtual y puedes generar una lista de contactos. El problema con estas redes sociales es que no dejan de ser sociales. Y la mayoría de las personas las utilizan para socializar, en lugar de darles un uso profesional.

En mis entrevistas con empleadores alrededor del mundo, pregunté si era necesario incluir las redes sociales en el currículum, ya que había observado que varios aspirantes las incluían. Y siendo honestos, yo mismo sentía curiosidad al respecto.

Más de la mitad de los empleadores me dijeron que no se deberían incluir las redes sociales en el currículum. Algunos incluso me dijeron que en caso de ser incluidas, posiblemente serían utilizadas por el departamento de recursos humanos para evaluar a sus candidatos.

Si tienes algún perfil en alguna red social enfocada al *networking*, es decir, una red social profesional, donde puedes crear un currículum virtual y generar una lista de contactos profesionales, puedes mantener ese perfil en la red, mas no te recomiendo incluirlo en el currículum.

Si bien las redes sociales no son muy recomendables a la hora de crear un currículum, también es cierto que pueden llegar a ser una gran herramienta para el *networking* y la promoción personal. Solo asegúrate de mantener el profesionalismo. En otras palabras, no utilices ese perfil para subir fotografías de tu último viaje, o peor aún, una fotografía donde aparezcas totalmente alcoholizado.

Presentación del currículum

Imprime tu currículum en hoja opalina blanca. La opalina blanca es el papel más elegante que puedes utilizar para imprimir tu currículum. No utilices papel bond, se arruga con facilidad; lo que causará que tus documentos causen una pésima primera impresión. Además, existe un truco psicológico escondido en este consejo.

El papel opalina es un papel más denso y pesado que el papel bond, lo que hará que cuando un reclutador tome tu currículum, este será ligeramente más pesado que los demás. Este truco parece muy sencillo, pero al tener una percepción de un currículum más pesado, el reclutador también tendrá la percepción de que si tu currículum es más pesado, es debido a que posees una mayor experiencia o capacidad para hacer tu trabajo. Parece algo muy sencillo, pero este simple truco de percepción puede hacer una gran diferencia a tu favor.

Evita también los papeles recubiertos. Los papeles recubiertos son aquellos que tienen un recubrimiento especial que los hace mate o brillantes. Entre los papeles recubiertos se encuentran el cuché, el cromacote y las cartulinas sulfuradas. Estos tipos de papeles entorpecen la lectura de los textos. Recuerda que tu currículum debe ser cómodo y fácil de leer.

Algunas personas prefieren entregar su currículum en hojas sueltas, otras prefieren graparlos (engraparlos) para evitar que alguna hoja se pierda en el camino. Si deseas «asegurar» tus documentos, utiliza un clip en lugar de grapas. Esto dependerá de la persona que recibirá tu currículo o tu solicitud de empleo. Pero la mayoría de los encargados de recursos humanos que reciben las solicitudes prefieren el clip a las grapas; esto se deba a que cuando reciben un conjunto de papeles grapados tienen que voltearlos y eso crea una sensación incomoda para el lector. Muchas personas prefieren tener hojas sueltas e ir pasándolas una por una. Y el clip hace que esto resulte más fácil.

Utiliza una carpeta amarilla para proteger tu currículum y tu solicitud. Evitará que se maltraten o manchen los documentos; además de darle un aspecto aún más profesional.

Cómo elaborar un currículum

A estas alturas y después de haber leído las páginas anteriores, ya deberías saber cómo elaborar un currículum. Sin embargo, muchas personas nunca han hecho uno. Y aunque hayas leído toda la información anterior, es posible que aún te preguntes cuál es la estructura de un currículum.

La estructura del currículum varía según la persona que lo redacta. No existe una fórmula universal y única para su elaboración. Sin embargo, si no tienes ni la más mínima idea de cómo sería la estructura de un currículum, puedes utilizar esta estructura como una guía.

- Título o encabezado

- Datos personales

  - Nombre

  - Edad y/o fecha de nacimiento

  - Número de DNI (Documento nacional de identidad, cédula de ciudadanía, credencial de identificación) o pasaporte*

  - Estado civil*

  - Dirección

  - Teléfono

  - Correo electrónico

- Estudios realizados

  - Superior

  - Maestrías

  - Doctorados

- Cursos completos y otros estudios

BIENVENIDO A LA EMPRESA: MÁS DE 200 CONSEJOS PARA ASEGURAR TU CONTRATACIÓN

- Idiomas

- Competencias y habilidades

- Experiencia laboral

- Referencias laborales

Nota

(*) Los puntos marcados señalan que no son un requisito obligatorio. Aunque muchos responsables de recursos humanos recomiendan colocarlos, en realidad no siempre es necesario.

Todo depende del lugar donde residas. En algunos lugares podría ser incluso obligatorio colocar la información de tu DNI o pasaporte, en otros lugares ni siquiera es una costumbre hacerlo. Lo mismo ocurre con tu estado civil, en algunos lugares podría ser obligatorio, mientras que en otros lugares podría ser opcional. En caso de ser opcional, te recomiendo no incluirlo.

Considera si debes colocar esa información o no dependiendo de tu lugar de residencia, así como las normas y costumbres de tu país.

Resumen de *El currículum*

• Utiliza una hoja para redactar tu currículum. Dos hojas como máximo.

• Utiliza folios en formato A4 o carta.

• Ajusta tu currículum al perfil de la empresa.

• No envíes el mismo currículum a varias empresas. Adáptalo.

• No coloques datos falsos ni exagerados.

• Utiliza un encabezado llamativo.

• Cuida tu ortografía y redacción.

• Utiliza un lenguaje común y comprensible.

• Utiliza tipografías como Times, Times New Roman, Baskerville o Georgia si deseas postularte como alguien formal; o en su defecto, Helvetica, Calibri, Myriad Pro o Arial para empresas con personalidad creativa y/o moderna.

• Evita utilizar más de dos fuentes tipográficas.

• Nunca utilices tipografías «informales» como *Comic Sans* o aquellas que simulan ser letras manuscritas.

• Justifica el texto a la izquierda.

BIENVENIDO A LA EMPRESA: MÁS DE 200 CONSEJOS PARA ASEGURAR TU CONTRATACIÓN

- El tamaño de la fuente debe ser entre 10 y 12 puntos.

- El texto debe ser siempre de color negro —títulos y encabezados pueden ir en un tono azul fuerte—.

- Utiliza las letras negritas únicamente para títulos y encabezados.

- Trata de evitar las letras cursivas.

- Utiliza una dirección de correo electrónico con tu nombre. Evita las direcciones de correo electrónico con nombres irónicos o alusivos.

- Recuerda incluir tu nombre, teléfono de contacto y dirección de correo electrónico.

- Evita colocar tus redes sociales.

- Imprime tu currículum en hoja opalina blanca.

- Utiliza un clip en lugar de grapas.

- Protege tus documentos con una carpeta amarilla.

- Incluye tu formación académica y tu formación extracurricular; tus competencias y habilidades; tu experiencia laboral y tres referencias laborales.

- Sé específico en tu experiencia laboral. Enfatiza tus logros sobre tus responsabilidades.

- Utiliza los verbos de acción en lugar del típico «estuve a cargo de».

Utiliza la persuasión

La persuasión es un recurso utilizado por las personas y empresas para obtener los resultados que ellos desean. Una mujer hermosa puede persuadir a un hombre para que le compre alguna joya. Un candidato a la presidencia puede persuadir a un pueblo para obtener sus votos. Y las empresas utilizan la publicidad para persuadir a los consumidores para que compren sus productos.

De igual forma, la persuasión puede ser usada por cualquier persona para lograr el resultado que desea.

Imagínate a ti mismo como un producto en una estantería del supermercado. Ahora imagina a tu competencia —las personas que van por el mismo puesto que tú— como productos similares pero de otra marca. ¿Por qué habrían de elegirte a ti cuando tienen cientos de opciones?

Cuando vas al supermercado por un producto básico, una tarea tan sencilla se convierte en algo complicado. Tienes diferentes marcas para escoger, entonces ¿por qué eliges una marca en particular? El precio es un factor, por supuesto, pero en muchas ocasiones, las personas compran un producto de igual o mayor precio, aun cuando hay opciones más económicas.

¿Qué te impulsa a tomar un determinado producto? Ese es el mismo dilema al que se enfrentan los encargados de recursos humanos cuando tienen que contratar a alguien.

Tú vas al supermercado y escoges un producto de X marca porque las empresas utilizan la publicidad para persuadirte a comprar sus productos en lugar de que compres algún producto de otra marca. Y al igual que las empresas, tú también puedes utilizar la persuasión para aumentar tus posibilidades de ser contratado.

A diferencia de las empresas, que utilizan publicidad masiva para promocionarse, tú no puedes hacer eso. Tú no puedes enviar correos electrónicos a la empresa todos los días. Tampoco puedes llamar al empleador a cada hora para decirle que eres el mejor candidato. Eso no solo sería patético, sino que también sería molesto para cualquier persona, lo que hará que seas automáticamente descalificado. Aún así, existen algunas maneras de utilizar la persuasión para lograr ser contratado.

Carta de presentación

Muchas personas envían su currículum a las empresas sin una carta de presentación. De hecho, muchas personas ni siquiera saben qué es una carta de presentación.

La carta de presentación es un documento utilizado para llamar la atención del empleador. Podría decirse que es un tipo de publicidad utilizada para persuadir a tu empleador a leer tu currículum.

Los empleadores reciben cientos de solicitudes y es ingenuo pensar que todas las solicitudes son leídas cuidadosamente. En realidad, los empleadores solo leen el currículum si este es atractivo; y la carta de presentación es una forma de persuadir al empleador para que lea tu currículum.

Cuando el empleador no te conoce, el currículum y la carta de presentación se convierten en las únicas referencias que tiene de ti.

¿Comprarías una casa sin haberla visto, o sin conocer sus características? Claro que no. Y si te muestran una fotografía de

BIENVENIDO A LA EMPRESA: MÁS DE 200 CONSEJOS PARA ASEGURAR TU CONTRATACIÓN

una casa en mal estado, ¿aun así te tomarías la molestia de revisar sus características? Posiblemente tampoco.

De igual forma, si tu carta de presentación no es atractiva, posiblemente no se tomen la molestia de leer tu currículum y por lo tanto, no te darán una cita con el entrevistador.

La carta de presentación es como un anuncio de radio o un comercial en la televisión. Debe ser interesante para el empleador, de lo contrario, es probable que ni siquiera se tome la molestia de terminar de leerla.

Cuando ves la televisión y aparecen los comerciales, es muy probable que cambies el canal a menos que los comerciales muestren algo de tu interés. Lo mismo le ocurre a los empleadores cuando tienen que revisar las solicitudes de empleo. Y no solo eso, sino que leer una carta de presentación —o un currículum— resulta ser una actividad mucho más aburrida que ver un simple comercial.

En pocas palabras, la carta de presentación sirve para despertar el interés de la persona que recibirá tu solicitud y además, también sirve para resaltar los puntos más relevantes de tu currículum.

Cómo elaborar una carta de presentación

Una carta de presentación debe llevar los siguientes datos:
- Datos personales. —Texto justificado a la derecha—

  - Nombre del aspirante.
  - Dirección del aspirante.
  - Código postal y ciudad del aspirante.
  - Lugar y fecha.

- Datos del receptor. —Texto justificado a la izquierda—

  - Nombre y puesto —separados por un guión— de la persona a quien va dirigida la carta.

  - Nombre de la empresa.

  - Dirección de la empresa.

  - Código postal y ciudad de la empresa.

- Cuerpo de la carta. —Texto justificado o justificado a la izquierda—

  - Saludo cordial. —Estimado señor...—
  - Cuerpo de la carta de presentación.
  - Agradecimiento.

- Nombre. También puedes incluir tu firma; de hecho, sería lo ideal. —Texto justificado a la derecha, a la izquierda o al centro—

La carta de presentación debe ser llamativa. Debe despertar el interés del lector, de otro modo no se tomará la molestia de leer el currículum. También debe tener un texto corto, únicamente una hoja. Si la carta de presentación es muy extensa, existe el riesgo de que sea descartada y por lo tanto, tu currículum nunca será leído.

La carta de presentación debe ser del mismo tamaño que tu currículum. Si utilizaste un folio A4 para tu currículum, redacta tu carta de presentación en formato A4.

No combines formatos, es decir, si redactaste tu currículum en formato carta, no redactes tu carta de presentación en formato A4.

Utiliza la misma fuente que utilizaste para elaborar tu currículum. No es nada agradable leer textos con diferentes fuentes. Al igual que el currículum, las tipografías «vistosas» como *Comic Sans*, o las tipografías que simulan ser texto manuscrito, están prohibidas debido a su falta de profesionalismo y su dificultad de lectura.

Recuerda que la carta de presentación es, literalmente, tu presentación ante la empresa, por lo tanto, cuida tu ortografía. Al igual que en el currículum, una buena ortografía no te dará más puntos a favor, pero los errores ortográficos y gramaticales sí podrían restarte muchos puntos.

Persuasión positiva

Para utilizar la persuasión positiva en tu carta de presentación, utiliza frases en positivo en lugar de usar frases negativas. En lugar de decir, "Nunca dejo una tarea sin concluir", di, "Siempre termino mis tareas". O en lugar de decir, "Nunca discuto con mis compañeros de trabajo", mejor di, "Soy muy bueno trabajando en equipo". Como ves, en ambos ejemplos, dos frases diferentes pueden dar el mismo mensaje, solo que una frase es negativa y la otra es positiva.

Las frases negativas hacen que el cerebro «viaje» a través experiencias negativas que ha vivido en el pasado. Y en la mayoría de las personas, sus cerebros tienden a pensar más en forma negativa; posiblemente por el constante estrés que se vive en estos tiempos.

Si utilizas frases negativas para intentar enviar un mensaje positivo, el mensaje será negativo. Justo el efecto contrario. A esto le podemos llamar «negatividad positiva».

Lo ideal es utilizar frases positivas, nunca negativas. Si quieres comunicar que eres un trabajador eficiente, no digas, "No soy un trabajador holgazán", en su lugar, mejor di, "Soy un trabajador activo y eficiente". No solo lograrás comunicarte con mayor eficiencia, sino que también disminuyes cualquier percepción negativa.

Cuando se habla de persuasión, en realidad se habla de hacer que la otra persona vea el mejor lado de la historia. Por lo tanto, debemos utilizar la persuasión positiva en todo momento. Es decir, emplear frases en positivo en lugar de caer en la «negatividad positiva».

Ejemplos de cartas de presentación

A continuación te presentaré algunos ejemplos de cartas de presentación. Estos ejemplos te servirán para conocer la estructura de una carta de presentación. Si así lo deseas, puedes utilizarlas como inspiración para realizar la tuya. Existen también muchos ejemplos en internet que puedes usar como guía o para inspirarte.

La información mostrada en los siguientes ejemplos es totalmente ficticia. Los nombres de las personas, las empresas, las direcciones y toda la información mostrada en los ejemplos, no corresponde a la realidad de ninguna persona u organización.

BIENVENIDO A LA EMPRESA: MÁS DE 200 CONSEJOS PARA ASEGURAR TU CONTRATACIÓN

En cada uno de los ejemplos encontrarás algunas zonas negritas; presta atención a las zonas en negritas, son buenos ejemplos de persuasión escrita. Obviamente, en tu carta de presentación no deberías utilizar textos en negritas.

Al final de cada ejemplo, te explicaré cómo se utiliza la persuasión en la carta que acabas de leer.

Ejemplo 1

Alexander Morkov
GreenLine 320
75024 Plano, TX
23 de Febrero de 2014

Jamie Kurts - Directora de recursos humanos
Jason & Edmond Corp
Carlton Avenue 108
75024 Plano, TX

Estimada señorita Kurts.

Por medio de una bolsa de trabajo, me enteré que está buscando a una persona competente para cubrir un puesto gerencial en su departamento de recursos financieros. He revisado la solicitud y **considero que cuento con experiencia suficiente para cubrir el puesto vacante.**

Trabajé los últimos cinco años en el banco BIT, de los cuales, los últimos tres años trabajé como gerente de operaciones financieras. **Mi rápido ascenso se debió principalmente a mi productividad y mis capacidades en la toma de decisiones.** En los cinco años que laboré en BIT también **adquirí otras cualidades, como la elaboración e interpretación de los estados financieros, así como el régimen legal en materia fiscal.** Considero que mi experiencia podría ser realmente útil para su empresa, ya que cuento con el perfil que buscan; así como con la preparación y la experiencia necesaria para cubrir un puesto tan importante como el que están buscando cubrir.

¿Sería posible que pudiera concederme una cita para poder hablar sobre el puesto y que pueda valorar mi experiencia? **Sé que usted es una persona muy ocupada, por lo que me gustaría que sea usted quien determine el momento más apropiado y conveniente.**

Me despido de usted, no sin antes agradecerle por haberse tomado la molestia de leer mi carta.

Cordialmente
(Firma)
Alexander Morkov

En el ejemplo que acabas de leer, aparecen algunas frases en negritas. A continuación, te explicaré cómo se utilizó la persuasión de una manera más agresiva, pero de forma disimulada.

En primera frase, «considero que cuento con experiencia suficiente para cubrir el puesto vacante»; se expone uno mismo como el candidato ideal, pero de una manera sutil. Decir «soy el candidato ideal», de forma literal, hace que caigas en la definición de «demasiado bueno para ser cierto», o que seas percibido como una persona arrogante. Y con ello corres el riesgo de ser inmediatamente descalificado.

En la segunda frase, «Mi rápido ascenso se debió principalmente a mi productividad y mis capacidades en la toma de decisiones»; se utiliza un refuerzo a la frase anterior. Aquí se explica por qué es el candidato ideal. De igual forma, se utiliza la persuasión para indicarle al empleador las ventajas que tendrá la empresa una vez que el aspirante sea contratado.

En la tercera frase, «adquirí otras cualidades, como la elaboración e interpretación de los estados financieros, así como el régimen legal en materia fiscal»; se evita caer en la definición de «demasiado bueno para ser cierto». Al mencionar que se aprendió algo, en lugar de pretender saberlo todo, el aspirante se hace ver como alguien humilde y con deseos de aprender lo que haga falta para ser más productivo. Y al mismo tiempo, se menciona que posee conocimientos que podrían ser de utilidad en la empresa donde solicita el puesto, de una manera humilde y nada pretenciosa. En pocas palabras, el aspirante se muestra humilde y útil para la empresa; alguien que no dará problemas dentro de la organización.

La última frase, «sé que usted es una persona muy ocupada, por lo que me gustaría que sea usted quien determine el mo-

BIENVENIDO A LA EMPRESA: MÁS DE 200 CONSEJOS PARA ASEGURAR TU CONTRATACIÓN

mento más apropiado y conveniente»; muestra respeto hacia el empleador. ¿A quién no le gusta sentirse importante y respetado? Cuando alguien te pide un favor, ¿cómo prefieres que te lo pidan? Como un favor insignificante, o demostrando respeto por ti, dándote cierta importancia. Seguro que prefieres que las personas te vean como alguien importante; y eso no es diferente en los demás.

A las personas les gusta que otros los vean como gente importante. Y tu futuro empleador no es la excepción. Si el reclutador se da cuenta de que lo ves como una persona importante, las posibilidades de obtener una entrevista, o incluso el puesto de trabajo, serán aun mayores.

Ejemplo 2

Mario Delfino
Santa Clara 220
14014 Cordoba
15 de Enero de 2014

Matías Schulz - Gerente de recursos humanos
Industrias Patagonia
Salvador Martilotti 410
06301 Buenos Aires

Estimado señor Schulz.

Después de leer la convocatoria publicada en el Buenos Aires Times (**02/01/14**), donde busca un asesor informático para soporte y gestión de redes, he revisado mi currículum y considero que soy la persona adecuada para el puesto, ya que tengo una larga trayectoria trabajando con redes y soluciones informáticas integrales.

A lo largo de mi carrera como ingeniero en sistemas computacionales, **he trabajado en la creación y mantenimiento de redes domésticas para varias empresas**, entre las que se encuentran SIS Systems, Compulab, Banco Trasnacional, Worldwide Express, y la aerolínea SKL.

Me interesa el puesto de asesor informático en su empresa debido a que representa una buena oportunidad para trabajar con un equipo de trabajo, algo que realmente disfruto, pues no solo me acerca a otras personas, sino que **considero que un equipo de trabajo bien organizado puede aumentar la productividad de una empresa.**

Si fuera tan amable de concederme una cita para poder hablar sobre el puesto, así como de mi formación académica y profesional, se lo agradecería mucho.

Sin más por el momento, me despido y le deseo un feliz día.

Cordialmente

Mario Delfino

Seguro notaste que en el primer párrafo hay una fecha, (02/01/14). Cuando se menciona que la convocatoria apareció en un lugar, es recomendable indicar la fecha. ¿Por qué? Muy simple. Es posible que existan muchas convocatorias en circulación, muchas de ellas incluso caducas. Cuando especificas la fecha —entre paréntesis y después de indicar en donde te enteraste de la convocatoria— le permites a tu empleador «rastrear» la convocatoria para que pueda verificar que efectivamente, esa convocatoria aún está vigente.

Ahora analicemos la primera frase, «he trabajado en la creación y mantenimiento de redes domésticas para varias empresas, entre las que se encuentran SIS Systems, Compulab, Banco Trasnacional, Worldwide Express, y la aerolínea SKL»; en esta frase se menciona que se tiene experiencia trabajando en puestos similares al que la empresa busca cubrir. No solamente se menciona que se cuenta con experiencia, sino que también se mencionan referencias que el empleador puede usar para comprobar que verdaderamente se tiene experiencia en los puestos mencionados.

Es muy común que los aspirantes mientan sobre su experiencia al momento de presentar su currículum o su carta de presentación, pero cuando se dan referencias, las cosas cambian. En ese momento el empleador podría comunicarse con las empresas y confirmar que efectivamente, el aspirante estuvo trabajando en esas empresas y que posee la experiencia que dice tener. En este ejemplo, el aspirante tenía demasiada experiencia, pero solo se limitó a mencionar solo aquellas actividades que eran más relevantes, de acuerdo con el perfil del puesto que la empresa esperaba cubrir.

BIENVENIDO A LA EMPRESA: MÁS DE 200 CONSEJOS PARA ASEGURAR TU CONTRATACIÓN

En la siguiente frase, «Me interesa el puesto de asesor informático en su empresa debido a que representa una buena oportunidad para trabajar con un equipo de trabajo»; se menciona algo que la mayoría de las empresas buscan en la actualidad, trabajo en equipo. Algo que parece muy fácil, pero en realidad, no conozco a muchas personas que realmente sean capaces de trabajar en equipo sin entrar en conflicto con las ideas de los demás.

En la última frase, «considero que un equipo de trabajo bien organizado puede aumentar la productividad de una empresa»; se menciona otro elemento que toda empresa busca: aumentar la productividad. Utilizando una frase tan sencilla como «se puede aumentar la productividad», se pueden aumentar las posibilidades de ser tomado en cuenta.

Cuando queremos quedar bien con alguien, siempre decimos lo que la otra persona desea escuchar. De eso se trata la persuasión. Si a una empresa se le menciona algo que ellos buscan, tus posibilidades de ser notado serán aun mayores.

En este ejemplo, la palabra «cordialmente» y el nombre están justificados a la izquierda. No se trata de un error, así puedes redactar tu carta de presentación, es totalmente valido. Igualmente podrías justificarlo a la derecha, aunque justificarlo al centro del documento es más común; aunque eso dependerá de tus preferencias personales.

También puedes incluir la firma. En este casó decidí omitirla para que vieras que también es posible hacerlo, aunque lo ideal es colocar siempre la firma.

Ejemplo 3

Angela Contreras
Avenida Manzano 750
09010 Ciudad de México
10 de Febrero de 2014

Mateo Lopez - Jefe de recursos humanos
Televentas VIP
Calle del Ángel 2010
09008 Ciudad de México

Estimado señor Lopez:

Por medio del sitio web buscoempleo.com, me di cuenta de que solicitan un gerente para el área de telemercadeo. Cuento con cuatro años de experiencia en telemercadeo y dos años de experiencia en ventas directas.

Mi formación académica incluye una licenciatura en mercadotecnia, una maestría en administración de empresas, y una especialidad en ventas y psicología del consumidor; además, soy capaz de hablar y leer en español, inglés y francés.

En cuanto a mi experiencia laboral, trabajé durante cuatro años en la empresa Infoventas, donde logré más de 2500 ventas, aumentando las utilidades de la empresa en un 20 %; además, durante los últimos dos años trabajé en la agencia de autos LuxStar, donde logré vender más de 25 automóviles de lujo.

Considero que mi preparación académica y mi experiencia son suficientes para cubrir el puesto de gerente del área de telemercadeo. Si usted considera que algo me hace falta para cubrir el puesto, siéntase libre de realizar cualquier sugerencia.

Me gustaría tener la oportunidad de obtener una entrevista personal con usted para poder responder cualquier duda que tenga.

Muchas gracias por su tiempo

Atentamente
(Firma)
Angela Contreras

En la primera frase de este ejemplo: «Mi formación académica incluye una licenciatura en mercadotecnia, una maestría en administración de empresas, y una especialidad en ventas y psicología del consumidor; además, soy capaz de hablar y leer en español, inglés y francés», se mencionan los conocimientos que posee el aspirante. Esa información es muy importante para los empleadores porque les permite conocer los puntos más relevantes de tu formación académica sin tener que ver el currículum. De esta manera, se puede persuadir al empleador a «echar un vistazo» al currículum.

En la segunda frase, «En cuanto a mi experiencia laboral, trabajé durante cuatro años en la empresa Infoventas, donde logré más de 2500 ventas, aumentando las utilidades de la empresa en un 20 %; además, durante los últimos dos años trabajé en la agencia de autos LuxStar, donde logré vender más de 25 automóviles de lujo», se menciona, no solo la experiencia laboral del aspirante, sino también los logros en sus trabajos anteriores. Esta información también está en el currículum, pero al igual que en la frase anterior, es una forma de persuadir al empleador a leer al currículum.

¿Te imaginas tener que leer varias solicitudes al día? Debe ser demasiado molesto y aburrido. Por esa razón, utilizar la carta de presentación como una manera de persuadir al empleador a leer tu currículum, es una de las mejores estrategias que puedes utilizar.

BIENVENIDO A LA EMPRESA: MÁS DE 200 CONSEJOS PARA ASEGURAR TU CONTRATACIÓN

Resumen de *Utiliza la persuasión*

- La persuasión es un recurso utilizado por las personas y empresas para obtener los resultados que desean.

- Las empresas utilizan la persuasión para que compres sus productos. De igual forma, puedes usar la persuasión para aumentar tus posibilidades de ser contratado.

- Los empleadores reciben varias solicitudes de empleo. Utiliza la persuasión para que lean tu currículum.

- La mejor forma de utilizar la persuasión para que lean tu currículum, es utilizar una carta de presentación.

- La carta de presentación es un documento utilizado para llamar la atención del empleador.

- Podría decirse que la carta de presentación es un tipo de publicidad utilizada para persuadir al reclutador a leer tu currículum.

- Cuando el reclutador no te conoce, tu currículum y tu carta de presentación se convierten en las únicas referencias que tiene acerca de ti.

- Tu carta de presentación debe ser atractiva y fácil de leer para «cautivar» al reclutador.

- Si tu carta de presentación es aburrida y no llama la atención del reclutador, es probable que no se tome el tiempo para leer tu currículum.

- La carta de presentación sirve para despertar el interés de la persona que recibirá tu solicitud.

- La carta de presentación también sirve para resaltar los puntos más relevantes de tu currículum.

- La carta de presentación debe ser de una cuartilla de longitud como máximo.

- Si la carta de presentación es muy extensa, posiblemente no será leída.

- Revisa en este capítulo los datos que lleva una carta de presentación.

- La hoja de tu carta de presentación debe ser del mismo tamaño que la hoja de tu currículum.

- Utiliza la misma fuente utilizada en tu currículum.

- No utilices tipografías «vistosas» como *Comic Sans*, ni las tipografías que simulan ser texto manuscrito.

- Al igual que en el currículum, tu buena ortografía no te dará puntos a favor, pero los errores ortográficos y gramaticales sí podrían restarte muchos puntos.

BIENVENIDO A LA EMPRESA: MÁS DE 200 CONSEJOS PARA ASEGURAR TU CONTRATACIÓN

- Utiliza la «persuasión positiva», es decir, habla en positivo.

- Evita la «negatividad positiva», es decir, no utilices palabras negativas para referirte a algo positivo.

- Revisa los ejemplos de cartas de presentación y sus respectivas explicaciones.

Envío del currículum por correo electrónico

Muchas empresas ofrecen la posibilidad de enviar el currículum por correo electrónico. Enviar el currículum por correo electrónico es una posibilidad que agradecen los aspirantes, ya que resulta ser más rápida y cómoda.

Antes de enviar tu currículum por correo electrónico, asegúrate de que la empresa a la que lo vas a enviar ofrece esa posibilidad.

Enviar el currículum por correo electrónico ofrece muchas ventajas, pero también presenta algunas desventajas. La desventaja principal es que tu correo podría no llegar. Hablaré de ello más adelante.

Entre las ventajas que tiene enviar el currículum por correo electrónico se encuentran:

- Es ecológico, ya que no se necesita imprimir el texto sobre papel.

- Es más cómodo.

- No necesitas acudir personalmente a la empresa. Puedes enviarlo desde tu domicilio.

- Resulta más económico. No tienes que desplazarte hasta la empresa para entregarlo.

En contraste, enviar el currículum por correo electrónico presenta las siguientes desventajas:

- Existe la posibilidad de que tu mensaje no llegue al destinatario debido a algún error al momento de escribir la dirección electrónica.

- Existe la posibilidad de que tu mensaje llegue a la bandeja de *spam* (correo basura, correo no deseado).

- Incompatibilidad de archivos.

- Es posible que tu mensaje pase desapercibido y se pierda entre el resto de los mensajes de la bandeja de entrada.

A pesar de todas las desventajas que presenta el hecho de enviar el currículum por correo electrónico, aún puedes aumentar tus posibilidades de éxito siguiendo algunas recomendaciones.

Direcciones de correo electrónico de la empresa

Como mencioné anteriormente, algunas empresas ofrecen la posibilidad de recibir tu currículum por correo electrónico, mientras que otras no ofrecen esa posibilidad. Por lo anterior, evita enviar tu currículum al correo electrónico que aparece en la página de internet de la empresa en su sección de contacto.

Es posible que encuentres la dirección de correo electrónico de la empresa si encontraste alguna oferta de trabajo en algún medio de comunicación. Por el contrario, si pretendes enviar tu currículum aun cuando la empresa no ofrece una dirección de correo electrónico para contactar con ellos, es posible que te surjan dudas sobre la dirección de correo electrónico que deberías usar para enviarlo.

En el sitio web de la empresa, es común encontrar una dirección electrónica como, info@empresa.com o contacto@empresa.com. Esas direcciones no se dirigen al personal de recursos humanos. Este tipo de direcciones llegan a un departamento de información y/o al departamento de atención a clientes; ni siquiera al departamento de relaciones públicas. De hecho, en muchas ocasiones, esas direcciones electrónicas no llegan directamente a la empresa, sino a una empresa subcontratada, la cual ofrece sus servicios de atención al cliente. Por lo que enviar tu currículum a ese tipo de direcciones es una perdida de tiempo.

Lo mejor es conseguir la dirección del departamento de recursos humanos, algo que resulta más fácil con las grandes firmas, especialmente con las multinacionales.

En internet hay varios sitios que funcionan como directorio de empresas. Con una búsqueda rápida en la red, es posible encontrar varias opciones. De esta manera, encontrar la dirección electrónica del departamento de recursos humanos resulta mucho más fácil.

Como último recurso, aunque no lo recomiendo en realidad, puedes utilizar la dirección de correo electrónico de contacto que aparece en el sitio web de la empresa. No envíes tu currículum a esa dirección. Simplemente utiliza esa dirección para preguntar por la dirección de contacto del departamento de recursos humanos. Es posible que obtengas una respuesta, pero también existe la posibilidad de no obtener una respuesta satisfactoria, o no recibir alguna respuesta en absoluto. Como mencioné antes, sería una medida de último recurso.

BIENVENIDO A LA EMPRESA: MÁS DE 200 CONSEJOS PARA ASEGURAR TU CONTRATACIÓN

No conviertas tu mensaje en *spam*

El *spam*, o correo basura, es ese molesto correo que llega a nuestra bandeja de entrada con el fin de ofrecernos algún producto o servicio del cual, la mayoría de las veces, no estamos interesados. Se trata de una práctica publicitaria poco ética.

En la actualidad, la mayoría de proveedores de correo electrónico ofrecen una carpeta especial para enviar de manera automática esos molestos mensajes y así evitar que lleguen a nuestra bandeja de entrada.

El problema es que las empresas que envían correo basura también buscan la manera de que sus mensajes lleguen a su publico objetivo, lo que ha forzado a los proveedores de correo electrónico a reforzar sus tácticas *anti-spam*; una practica que muchas veces afecta al resto de los mensajes.

Existen una serie de errores que pueden convertir tus mensajes en correo basura, lo que provocaría que tus mensajes nunca lleguen al destinatario.

Estos son los errores más comunes que pueden convertir tu mensaje en *spam*:

Dejar el asunto en blanco: Uno de los principales errores es no hacer uso de la casilla «asunto». Es decir, lo dejan en blanco.

Al dejar en blanco la casilla de asunto, existe la posibilidad de que tu mensaje nunca sea leído. Porque al dejar el asunto en blanco, es posible que el sistema de correo electrónico del destinatario lo consideres como correo basura.

El 30 % del correo basura no contiene asunto. Se trata de una técnica —nada eficiente— de persuasión que consiste en crear cierta curiosidad en el destinatario para generar, de esta manera, deseos de conocer el contenido del mensaje.

La realidad es que cada vez más proveedores de correo electrónico están comenzando a tratar los mensajes sin asunto como correo basura.

Utilizar signos de interrogación y/o exclamación en el asunto: Evita el uso de signos de exclamación e interrogación en el asunto. Más del 60 % del correo basura contiene signos de exclamación o interrogación para crear expectativa en el destinatario.

Dejar el cuerpo del mensaje en blanco: Al igual que con la casilla «asunto», al dejar en blanco el cuerpo del mensaje existe la posibilidad de que sea tratado como correo basura por el proveedor de correo electrónico del destinatario. No es muy frecuente, pero la posibilidad existe. De cualquier forma, conviene evitar cualquier riesgo.

Letras mayúsculas en el asunto: Gran parte del correo basura llega con el asunto escrito en su totalidad con letras mayúsculas. Por esta razón, la mayoría de los proveedores de correo electrónico comienzan a considerar esa práctica como correo basura.

Promocionarse: Evita utilizar frases como «Soy lo que tu empresa necesita»; «Soy tu mejor opción»; «Puedo ayudarte a generar mayores ingresos»; o cualquier forma de promoción personal.

Generalmente, el correo basura llega con títulos similares, por lo que tu mensaje podría ir directamente a la bandeja de correo no deseado.

BIENVENIDO A LA EMPRESA: MÁS DE 200 CONSEJOS PARA ASEGURAR TU CONTRATACIÓN

Mensaje de asunto adecuado

La mayoría de las personas tiene problemas con la casilla asunto. No tienen idea de qué escribir en esa casilla.

El asunto será determinante para el destinatario a la hora de decidir si lee ese mensaje o no.

Una de las dudas más comunes para los aspirantes que desean enviar su currículum por correo electrónico es qué deberían escribir en la casilla de asunto.

Lo mejor es informarle al destinatario que se trata de un currículum. El problema es que las empresas reciben muchas solicitudes todos los días, lo que resulta confuso para el personal de recursos humanos. Y siendo uno más del montón, te conviene hacerle las cosas más fáciles a los de recursos humanos.

Lo ideal entonces es llenar la casilla de asunto con las siguientes opciones:

Currículum + Nombre + Apellido: Puedes utilizar este formato para la casilla de asunto.

Supongamos que el señor Hector Cámara enviará su currículum. Haciendo uso de este formato, su asunto debería aparecer como: *Currículum Hector Cámara*.

De esta manera, el personal de recursos humanos sabrá que se trata del currículum de una persona llamada, Hector Cámara.

Una variante a este formato, sería intercambiar el orden del nombre y apellido —Currículum + Apellido (coma) + Nombre—. Quedando como: *Currículum Cámara, Hector*. Así será aún más formal.

Currículum + Nombre + Apellido (punto) + Oferta (número): Muy similar al formato anterior, con la única diferencia de que se agrega la palabra oferta, seguida del número de la misma.

Sí encontramos la oferta laboral en un comunicado o sitio web y conocemos el número de oferta, resultará aún más útil para el personal de recursos humanos.

Haciendo uso de este formato, el asunto quedaría de la siguiente manera: *Currículum Hector Cámara. Oferta 102939*. O su variante más formal: *Currículum Cámara, Hector. Oferta 102939*.

No pretendas ser de máxima importancia

Algunos servicios y *software* de correo electrónico ofrecen la posibilidad de señalar la prioridad del mensaje como importante o urgente. Y es importante señalar que tu currículum no es de gran importancia para ninguna empresa.

Las empresas utilizan la función de prioridad urgente únicamente para eventos realmente importantes, como un cambio de horario de último minuto, avisos para una junta extraordinaria, o cuando se requiere informar sobre algún cambio que realmente merezca ser tratado como máxima prioridad.

Para cualquier persona será molesto encontrarse con un mensaje de prioridad alta y luego descubrir que solo se trata de una persona desesperada por promocionarse dentro de la empresa. Una razón suficiente para considerarte como una molestia.

No utilices la función de prioridad urgente de tu servicio de correo electrónico. Es posible que tu mensaje parezca urgente para ti, pero no lo es para nadie más.

Legibilidad

Cuando redactes el cuerpo del mensaje, opta por utilizar una tipografía *san serif* (palo seco) como Arial, Verdana, Helvetica o Calibri.

Generalmente, los servicios de correo electrónico tienen este tipo de fuentes por defecto (por *default*). Este tipo de fuentes resultan más eficiente para la lectura de textos en las pantallas retroiluminadas —como la del ordenador—. Al igual que tu currículum, evita utilizar fuentes informales o aquellas que simulan ser texto manuscrito.

El tamaño de la fuente debe ser de por lo menos 12 puntos. Una fuente más pequeña será difícil de leer, lo que podría causar su inmediata eliminación. Recuerda que los textos resultan menos legibles en las pantallas retroiluminadas que sobre papel o en dispositivos de tinta electrónica.

El texto debería ser de color negro sobre fondo blanco. Evita utilizar textos y fondos de colores, sobre todo la combinación de rojo y azul; la cual es muy pesada para la vista.

Composición del mensaje

Es posible que te estés preguntando, ¿qué es lo que debo escribir en el cuerpo del mensaje?

Muchas personas se bloquean cuando comienzan a redactar un mensaje de correo electrónico. No tienen idea de como comenzar a redactarlo. Y es que por alguna razón, los documentos en blanco pueden llegar a ser bastante intimidantes al comenzar a redactar cualquier texto.

Los mejores resultados los puedes obtener si redactas tu mensaje como una carta de presentación. De está manera, despertarás el interés de la persona que lo recibe.

Te dejo un ejemplo para que puedas entenderlo mejor.

A quien corresponda:

Por medio del sitio web buscoempleo.com, me enteré de que solicitan un asistente gerencial para el departamento de ventas.

Actualmente cuento con 6 años de experiencia administrativa; y trabajé los últimos tres años en el departamento de ventas de la empresa Autoinsumos, donde aumenté las ventas en un 10 % durante el último trimestre.

Hablo español e inglés con fluidez, y creo que eso sería de gran utilidad en una empresa de proyección internacional como la suya.

Me tomé la libertad de enviarle mi carta de presentación y mi currículum por este medio. Espero que pueda tomarse unos minutos de su tiempo para que pueda revisarla.

Sin más por el momento, me despido. No sin antes agradecerle por haberse tomado la molestia de leer este mensaje.

BIENVENIDO A LA EMPRESA: MÁS DE 200 CONSEJOS PARA ASEGURAR TU CONTRATACIÓN

Que tenga muy buen día.

En este ejemplo el mensaje se envía a un destinatario desconocido, por eso el uso de la frase «a quien corresponda». Si conoces el nombre del destinatario, es mejor saludarle por su nombre. Muchas investigaciones sugieren que al llamar a una persona por su nombre, esta se vuelve un poco más empática y receptiva.

Utiliza la firma

Los proveedores de correo electrónico ofrecen una herramienta llamada firma. Se trata de un mensaje automático que aparece al pie del mensaje. Utilízalo para firmar tus mensajes.

En la firma deberían aparecer tu nombre y tu apellido. En la mayoría de los países hispanohablantes existe la tradición de utilizar dos apellidos, una costumbre que resulta poco practica cuando queremos que nos recuerden. Es más fácil recordar un nombre compuesto por dos palabras que un nombre compuesto por tres o hasta cuatro palabras. No olvides que cuanto más recordado seas, más posibilidades existen de que te contraten.

Tu firma debería estar compuesta por tu primer nombre y tu primer apellido —si es que cuentas con otro—, así como tu número telefónico y tu dirección de correo electrónico. Una vez más, asegúrate de no utilizar una fuente de texto informal o poco legible.

La firma resulta muy útil tanto para ti como para el destinatario, ya que facilita tus datos de contacto a la persona que recibe el mensaje. Y este pequeño detalle hace una gran diferencia al momento de intentar contactarte.

Datos adjuntos

Uno de los errores más comunes a la hora de enviar un currículum por correo electrónico, es redactar el currículum directamente en el cuerpo del mensaje.

Para mejores resultados, deberías utilizar el cuerpo del mensaje como una carta de presentación. Aun así, deberías crear dos archivos de texto: uno para tu carta de presentación y otro para tu currículum; los cuales deberás enviar como archivos adjuntos.

Nombre de los archivos

Aunque no lo creas, el nombre del archivo puede jugar a tu favor o en tu contra. Muchas personas no reparan en ese pequeño detalle; y aunque se hayan esforzado en elaborar sus archivos adjuntos, es muy probable que se pierdan durante el proceso de selección.

El departamento de recursos humanos recibe cientos de correos electrónicos al día; y muchos de ellos contienen archivos adjuntos, lo que crea un escenario propicio para la perdida de archivos de menor importancia.

Muchos otros aspirantes enviarán sus solicitudes y con ellas, sus archivos.

¿Qué ocurre cuando copias un archivo a una carpeta y tienes otro archivo con el mismo nombre? Aparece un mensaje preguntándote si quieres sobrescribir el archivo.

BIENVENIDO A LA EMPRESA: MÁS DE 200 CONSEJOS PARA ASEGURAR TU CONTRATACIÓN

Es posible que la persona que recibe el mensaje, opte accidentalmente por sobrescribir el archivo. Y si tu archivo había llegado antes, ahora se ha perdido.

Para evitar que tu archivo se pierda —y para aumentar las posibilidades de darte a conocer— opta por nombrar tus archivos con los siguientes formatos.

Para la carta de presentación, opta por escribir: **Carta de presentación + Nombre + Apellido**. Siguiendo con nuestro ejemplo de Hector Cámara, quedaría así: *Carta de presentación Hector Cámara*. O su variante más formal: *Carta de presentación Cámara, Hector*.

Para el currículum, el formato es similar: **CV + Nombre + Apellido**. En nuestro ejemplo: *CV Hector Cámara*. O su variante más formal: *CV Cámara, Hector*.

Compatibilidad de archivos

La mayoría de las personas utilizan Microsoft Word como su principal procesador de textos. Pero aun cuando sea el principal procesador de textos en el mundo, puede llegar a presentar problemas de compatibilidad.

No todas las personas poseen la misma versión del popular procesador de textos. Y una versión diferente puede crear problemas de compatibilidad. Eso sin mencionar que varias empresas prefieren optar por algún *software* alternativo para reducir los costos.

¿Sabias que *Word* tiene dos tipos diferentes de archivos, incompatibles entre sí?

Las versiones anteriores al año 2004 generan un archivo *.doc*, mientras que las versiones posteriores, generan un archivo

.docx. Y aun cuando tomes precauciones y generes un documento *.doc*, tu archivo podría generar márgenes y espacios adicionales, lo que causa una mala impresión.

Lo ideal es convertir el documento a un archivo PDF. Los archivos PDF ofrecen total compatibilidad entre los diferentes sistemas operativos. Hoy en día, todos los sistemas operativos pueden ejecutar este tipo de archivos. Y es prácticamente imposible encontrar algún ordenador que no pueda visualizarlos; lo que lo convierte en un formato universal. Eso sin mencionar que muchos proveedores de correo electrónico ofrecen la posibilidad de visualizarlos sin necesidad de ningún *software* adicional.

Otra ventaja que ofrecen los archivos PDF es el hecho de que el documento será visualizado de manera idéntica entre diferentes sistemas operativos. Los documentos PDF no pueden ser modificados, y todos los elementos son respetados por el *software* que los visualiza. Esto significa que tu documento no será alterado al momento de ser visualizarlo.

Los archivos PDF, además, suelen ser livianos, lo que significa que no debería haber ningún problema cuando se intenten enviar por correo electrónico.

Horario de envío

En mayoría de las empresas se trabaja de lunes a viernes, lo que significa que todo el correo electrónico que se reciba durante los fines de semana se acumulará hasta el lunes siguiente. En otras palabras, si tu mensaje llegó el fin de semana, podría pasar desapercibido entre todos los mensajes que esperan ser leídos.

BIENVENIDO A LA EMPRESA: MÁS DE 200 CONSEJOS PARA ASEGURAR TU CONTRATACIÓN 69

Evita enviar tu mensaje después del medio día del viernes. Tampoco lo envíes durante el sábado o el domingo.

Las estadísticas indican que en las empresas se revisan más correos electrónicos durante las diez de la mañana y las doce del medio día. Esto significa que si quieres que tu mensaje sea leído, es mejor enviarlo de lunes a viernes, entre las diez de la mañana y las doce del medio día. Así es más probable que tu mensaje sea leído.

Resumen de *Envío del currículum por correo electrónico*

- Algunas empresas ofrecen la posibilidad de recibir tu currículum por correo electrónico.

- No todas las empresas ofrecen la posibilidad de recibir tu currículum por correo electrónico.

- No envíes tu currículum a las direcciones de correo electrónico que aparecen en la sección de contacto del sitio web de la empresa. Dichas direcciones aparecen como: info@empresa.com, contacto@empresa.com, o similares.

- En internet existen varios sitios web que funcionan como directorios de empresas. Utilízalos para conocer el correo electrónico del departamento de recursos humanos.

- No utilices signos de exclamación y/o interrogación en la casilla de asunto.

- No dejes la casilla de asunto en blanco.

- No dejes el cuerpo del mensaje en blanco.

- No escribas el asunto en mayúsculas.

- Evita utilizar en el asunto frases como: «Soy lo que tu empresa necesita»; «Soy tu mejor opción»; «Puedo ayudarte a generar mayores ingresos»; o cualquier forma de promoción personal.

BIENVENIDO A LA EMPRESA: MÁS DE 200 CONSEJOS PARA ASEGURAR TU CONTRATACIÓN

- No envíes tu mensaje con prioridad alta o urgente.

- Redacta el asunto con alguno de los siguientes formatos: Currículum + Nombre + Apellido. O, Currículum + Nombre + Apellido (punto) + Oferta (número).

- Redacta tu mensaje con una tipografía *san serif* (palo seco).

- El tamaño de la fuente del mensaje debe ser de 12 puntos.

- El texto de tu mensaje debe ser de color negro.

- Evita los fondos y textos de colores.

- Redacta tu mensaje como si elaboraras una carta de presentación.

- Firma tus correos electrónicos con tu nombre y apellido, número de teléfono y dirección de correo electrónico.

- Asegúrate de adjuntar tu carta de presentación y tu currículum en dos archivos separados.

- Nombra los archivos con los siguientes formatos. Para la carta de presentación: Carta de presentación + Nombre + Apellido. Para el currículum: CV + Nombre + Apellido.

- Envía tus archivos como documentos PDF.

- Estadísticamente, se leen más correos electrónicos de lunes a viernes, entre las diez de la mañana y las doce del mediodía.

La imagen personal

Muchas veces no nos damos cuenta del increíble poder que tiene nuestra imagen. Cuando nos comunicamos, más del 70 % de la información que enviamos es por medio de la comunicación no verbal; la cual incluye gestos, señas, imagen personal, forma de vestir, estilo, forma de caminar y un largo etcétera.

Es alarmante saber que menos del 30 % de la comunicación se da por medio de la comunicación verbal, es decir, por nuestras palabras. Esto significa que si tu imagen no es la más favorable, de poco sirve hacer un increíble discurso de presentación.

¿Te has preguntado por qué la gente atractiva obtiene los mejores puestos de trabajo y los mejores salarios?

Desgraciadamente, para algunos, la gente atractiva obtiene las mejores oportunidades aun sin decir una sola palabra, solo por el simple hecho de ser atractivos. Así de poderosa es la imagen que proyectamos. Y la buena noticia es que la imagen siempre puede mejorar a nuestro favor.

Una actitud desfavorable

Desgraciadamente, muchas personas no son conscientes de su imagen personal y viven bajo la filosofía de: «*Soy quien soy. Así soy yo. Quien me quiera me aceptará como soy y no debo cambiar para agradar a los demás*». Una filosofía nada práctica, e incluso, demasiado inútil.

Las personas que viven bajo esta filosofía tienden a esperar resultados que nunca llegarán. ¿No sería mejor utilizar una filosofía más favorable? Y más importante aún, ¿es tu imagen realmente favorecedora? ¿Eres consciente de la imagen que trasmites?

Los tres conceptos de la imagen

Existen tres conceptos básicos de imagen: la imagen real, la imagen aparente y la imagen ideal.

La imagen real corresponde a una imagen que manifiesta la congruencia entre lo que muestra y lo que es en realidad. En pocas palabras, la imagen real corresponde fielmente a la realidad.

Cuando observas una *pizza* de queso, la imagen que observas es la de un producto comestible. Cuando decides darle un bocado y compruebas que efectivamente era comestible, te das cuenta de que la imagen y la realidad concuerdan. Esa es la imagen real.

Por el contrario, si al intentar probar esa *pizza* descubres que se trata de una pieza de plástico, entonces ya no se trata de una imagen real porque no existe congruencia entre la imagen —una *pizza*— y la realidad —no es realmente una *pizza*—, esto hace que la imagen se convierta en una imagen aparente.

La imagen aparente es aquella donde no existe congruencia entre la imagen y la realidad. Por ejemplo, cuando vas a una tienda de hamburguesas, las fotografías del menú siempre muestran una imagen aparente que no corresponde fielmente con la realidad. Te muestran una hamburguesa grande, jugosa, cocinada a la perfección y visualmente estética en hasta en el último detalle. Pero cuando te entregan la hamburguesa que ordenaste, esta se encuentra aplanada y delgada; el queso está chorreando y no es nada similar a la que habías visto en la fo-

BIENVENIDO A LA EMPRESA: MÁS DE 200 CONSEJOS PARA ASEGURAR TU CONTRATACIÓN

tografía. Esa es la imagen aparente: una imagen que no corresponde a la realidad. Y en el caso de las personas, la imagen aparente es, en la mayoría de las veces, negativa.

Muchas personas creen que tienen una buena imagen, que son educados, que visten bien, que son amables, que su voz es encantadora... El problema es que en muchas ocasiones, su imagen no corresponde a la realidad. Entonces, a pesar de ser una persona encantadora, o en este caso, capaz de cubrir el puesto que está solicitando, otras personas pueden verle como incompetente y desagradable; cuando en realidad es todo lo contrario. Y desafortunadamente, las personas basan su juicio en la primera impresión.

No importa cuantas veces lo neguemos, vivimos en un mundo de apariencias. Somos seres visuales. Y ciertamente las apariencias son más poderosas de lo que solemos pensar.

Con solo observarte durante unos segundos, ni siquiera un minuto, el empleador, o el responsable de recursos humanos, ya sabe si te dará una oportunidad o no, basado únicamente en la imagen que proyectas. Y desgraciadamente, en muchos de los casos la imagen que las personas proyectan suele ser negativa.

Por último, también existe la imagen ideal. Esta puede ser una imagen real o aparente. Lo más importante sobre la imagen ideal, es que refleja el mensaje que queremos enviar. Y a diferencia de la imagen real o la imagen aparente, la imagen ideal ha sido construida de forma deliberada con la intención de hacerse notar y ser vista como algo positivo.

En realidad, la imagen proyectada, ya sea por una persona, por una marca comercial o por una organización, es una forma de comunicación no verbal. Esto significa que al igual que cualquier otro tipo de comunicación, tiene el objetivo de enviar un mensaje de manera exitosa.

Las marcas de lujo utilizan la imagen ideal para vender sus productos. Los hoteles y restaurantes más exclusivos también la usan para hacerte creer que son especiales.

Piensa en una marca de alta costura. La imagen que ellos «construyen», es la de prendas exclusivas para un público selecto. Aunque en realidad, sus prendas no son realmente especiales en cuanto a calidad se refiere, e incluso, en muchas ocasiones las prendas más caras son las menos durables. En este ejemplo, la realidad es que la prenda no tiene nada de especial, pero al construir una imagen ideal alrededor de la marca, la prenda se convierte en un «objeto de deseo».

Ahora piensa en un auto de lujo. Un Ferrari, por ejemplo. Piensa en otro automóvil un poco más económico; un Hyundai, por ejemplo. ¿Cuál es la diferencia real entre ambos vehículos? Ambos cumplen con su función principal: son medios de transporte. Sin embargo, esa imagen ideal que se ha creado en torno a Ferrari, hace que el auto parezca especial y único, solo merecido por unos pocos; aun cuando la necesidad principal como medio de transporte pueda ser cubierta por cualquier otro auto.

Y si bien es cierto que un Ferrari pudiera tener una mejor ingeniería, una mayor potencia y que pueda alcanzar mayores velocidades; el hecho de que no puedas conducirlo a altas velocidades por las carreteras de tu país, debido al tráfico y los límites de velocidad, es algo en lo que no piensan aquellas personas que desean poseer uno. Porque la imagen ideal detrás de Ferrari les impide ver las cosas con lógica. Así de poderosa es la imagen ideal.

BIENVENIDO A LA EMPRESA: MÁS DE 200 CONSEJOS PARA ASEGURAR TU CONTRATACIÓN

Lo interesante de la imagen ideal, es que se construye de forma deliberada. Puedes «manipular» la percepción que los demás reciben de ti y de esta manera aumentar, no solo tus oportunidades de obtener un empleo —o incluso uno mejor— sino que también será de gran ayuda en tus relaciones sociales.

Como te ven, te tratan

Como ya he mencionado, la percepción que los demás reciben de ti, es decir, tu primera impresión, se construye en segundos; ni siquiera en un minuto. El entrevistador tendrá en su mente una imagen de ti en pocos segundos.

¿Sabes cuánto tiempo le toma al cerebro formar la primera impresión?

¿5 minutos? Eso quisieras.

¿90 segundos? No.

¿45 segundos? Tampoco.

¿15 segundos? Ni siquiera eso.

El cerebro construye la primera impresión en los primeros dos segundos. ¡Solo tienes dos segundos para que el entrevistador comience a formular decisiones y juicios acerca de ti!

En dos segundos, tu futuro empleador —o cualquier otra persona que te vea por primera vez— comenzará a construir juicios acerca de lo responsable que eres, si eres confiable o no, lo apto que eres para el puesto, tu situación académica, tu situación laboral anterior, tu nivel de responsabilidad, tu nivel de competitividad...

Todos esos juicios se basan en la percepción que las personas tienen de ti cuando te ven por primera vez. Y no necesariamente tienen que ver con la realidad. Es decir, se basan en una imagen aparente.

¿Recuerdas a alguna persona que te haya caído mal, aun cuando no te había dicho una sola palabra? ¿Cuánto tiempo tardó en caerte mal? Te aseguro que fueron menos de tres segundos. De hecho, solo fueron dos segundos.

Ahora considera lo siguiente. Esa percepción que te generó el ver a esa persona, ¿se basaba en la realidad?

Es probable que después de conocer mejor a esa persona te hallas dado cuenta de que era una persona agradable, o por lo menos, no era tan desagradable como lo imaginaste. Entonces ¿por qué te cayó tan mal esa persona cuando la viste por primera vez? La respuesta es simple: su imagen aparente y con ello, la forma en la que tú le percibiste.

Lo mismo te sucede a ti cada vez que conoces a alguien. Tu imagen aparente indica si eres una persona «digna» de ser tomada en cuenta o no.

Y a menos que te encuentres con alguien demasiado desesperado por tener algo de compañía, las personas siempre te juzgarán por tu imagen aparente, sea real o no.

No importa cuantas veces lo queramos negar, todos los seres humanos nos sentimos atraídos por aquellas personas con mejor aspecto. Es un hecho antropológico. Así ha sido desde los tiempos prehistóricos, donde los seres humanos decidían en quien confiar y en quien no basándose únicamente en la apariencia física de los otros individuos que querían unirse al grupo. Y este «instinto de supervivencia» sigue vigente después de millones de años.

Al solicitar empleo ocurre exactamente lo mismo. Las personas encargadas de las entrevistas laborales siempre te juzgarán en función de tu apariencia. Es más, en muchas ocasiones las personas más atractivas son las que consiguen el puesto, y no precisamente aquellos que cuentan con la mejor preparación.

Construye tu imagen ideal

Es importante que comprendas que tu imagen no debería ser una limitación para ti. Es más, si aprendes a crear tu imagen ideal, la imagen será un punto más a tu favor. Tendrás una mayor ventaja frente a tu competencia con solo cambiar tu imagen.

Cuando estudiaba en la universidad tomé una asignatura sobre imagen personal. La profesora nos pidió hacer un ensayo sobre la película *The Devil Wears Prada* (El diablo viste a la moda, El diablo viste de Prada). En la película, la protagonista es una chica sin gusto por la moda, compra su ropa en tiendas de segunda mano y piensa que la gente que se preocupa por su imagen es superficial. Ella busca empleo en una editorial que produce una revista de moda, donde todas las chicas visten con las mejores marcas. A lo largo de la película, la protagonista se da cuenta de que la imagen determina el trato que las personas reciben de los demás: como te ven, te tratan. Así que decide cambiar su imagen y así su vida da un giro de trescientos sesenta grados. Parece fantasía, ¿verdad? Pero no lo es. La película está basada en una novela narrada por una chica que vivió esa experiencia en la vida real.

Además, yo también viví algo similar.

Anécdota útil

Antes de tomar una asignatura acerca de la imagen personal, yo tampoco me preocupaba por mi propia imagen. Al igual que la protagonista de la película, yo también consideraba como superficial a cualquier persona que se preocupara por su apariencia.

Solía vestir con ropa una talla más grande. Prefería la comodidad antes que la apariencia. Solo usaba calzado deportivo, nunca utilizaba zapatos; es más, ni siquiera tenía un solo par. Llevaba el cabello largo y nunca me peinaba. Solía vestir únicamente con *jeans* (vaqueros, tejanos, pantalón de mezclilla) y camisetas (playera, polera, franela, ramera). Únicamente tenía una camisa, la cual casi nunca utilizaba.

Desde el principio de semestre, la profesora nos advirtió que nos calificaría en función de la forma de vestir que demostráramos en su clase; y que al final del semestre nos evaluaría mediante una entrevista laboral simulada, donde el aspecto principal era la imagen.

Comencé a cambiar mi imagen, no solo por la advertencia de la profesora, también lo hice por la película. De alguna manera, la película me hizo reconsiderar mi apariencia.

Me compré un par de zapatos, algunas camisas y ropa de mi talla; me corté el cabello y comencé a ser más consciente sobre mi estilo.

BIENVENIDO A LA EMPRESA: MÁS DE 200 CONSEJOS PARA ASEGURAR TU CONTRATACIÓN | 81

El cambio en mi vida fue muy similar al de la protagonista de la película. Adonde quiera que iba, la gente me trataba diferente; me trataban mejor.

Antes del cambio de imagen, no me atendían bien en los restaurantes ni en cualquier otro lugar. De hecho, tenía que esperar para que me atendieran. Después de mi cambio de imagen, comencé a recibir un trato más amable adonde quiera que iba. Algunas personas comenzaban a sacarme conversación cuando tomaba el autobús. En ciertas ocasiones incluso me abrían la puerta. Parecía que mi vida comenzaba a ser otra.

En la universidad ocurrió lo mismo. Por supuesto, hubo algunas bromas al principio por parte de mis compañeros; pero pocos segundos después, hacían comentarios muy positivos sobre mi cambio de imagen. No solo mis compañeros, también mis profesores. Incluso comenzaron a hablarme algunas personas a quienes no les agradaba en un principio.

Después de esa experiencia comprendí que la imagen es la base del trato que recibes. No solo cuando buscas un empleo, sino en cualquier aspecto de tu vida.

Si consideras que tu imagen no es la más adecuada y que no refleja realmente quien eres, quiere decir que estás envuelto en una imagen aparente negativa. Debes ser consciente de ello y comenzar a cambiar tu estilo.

La imagen va de la mano con el lenguaje corporal y la actitud. Hablaré de ello en otro capítulo, ya que hay que cubrir varios puntos para generar una correcta imagen mediante nuestro lenguaje corporal.

Echa un vistazo a tu guardarropa. ¿Es realmente favorable para tu imagen? Si no es así, comienza a adquirir ropa que te haga ver bien. Deja de lado la comodidad y comienza a dar prioridad a la estética. Sé consciente de que las personas te juzgarán siempre por tu apariencia.

Compra ropa de tu talla y opta por la elegancia, al menos en las prendas necesarias para el trabajo. No se trata de que cambies tu forma de ser o de pensar, míralo como una forma de alterar la decisión del reclutador. Sin embargo, personalmente te recomiendo que seas consciente de tu apariencia de ahora en adelante en todos los aspectos de tu vida. Notarás que la gente te trata mejor y honestamente, esa es una sensación muy agradable que querrás mantener en todo momento.

No te conozco personalmente, así que no puedo decirte si tu imagen es favorable o no lo es, pero estoy seguro de que conoces la respuesta. Si no es así, puedes solicitar ayuda de tus conocidos. Solo sé insistente en que sean totalmente sinceros.

El secreto de la elegancia

El secreto de la elegancia es la talla ideal en relación con tu tipo de cuerpo. Así de sencillo.

No importa que te haya encantado esa camisa o aquel vestido. Si no es de tu talla o no se ajusta a tu cuerpo, olvídalo.

El hecho de que una prenda se vea bien en un maniquí, no significa que te quedará bien a ti. No olvides probarte la ropa

BIENVENIDO A LA EMPRESA: MÁS DE 200 CONSEJOS PARA ASEGURAR TU CONTRATACIÓN

frente a un espejo. Observa cómo se te ve desde diferentes ángulos.

Recuerda, si te ves bien, te tratan bien.

El calzado

Muchas personas afirmar que es posible conocer el poder adquisitivo de una persona con solo mirar sus zapatos. Definitivamente, el calzado dice mucho sobre la persona que los lleva puestos, y se relacionan con el éxito de la misma. Recuerda que las empresas buscan personas exitosas, no fracasados.

Cuando asistas a una entrevista de trabajo, asegúrate de utilizar un par de zapatos que se vean impecables. Evita que se vean desgastados o sucios. De preferencia, si combinan con tu atuendo, que sean de color negro.

Creo que no es necesario decir que las zapatillas deportivas (tenis, championes, playeros) y las sandalias, están prohibidas.

Cabello, manos y uñas

En muchas sociedades, especialmente en las sociedades latinas, se suele considerar el cuidado del cabello, las manos y las uñas como algo exclusivamente femenino. Afortunadamente, esta percepción está cambiando.

El cabello, las manos y las uñas son parte de la imagen que proyectas.

Si eres hombre y piensas que el cuidado del cabello, las manos y las uñas son un tema que concierne únicamente al sexo femenino y que no debería ni interesarte, considera que la mayoría de los encargados de recursos humanos observarán tus manos como una forma de evaluación.

Las manos cuidadas indican que el portador es una persona aseada y cuidadosa. No es necesario que te hagas una manicura profesional, solo asegúrate de que tus manos no se vean agrietadas ni que se sientan muy secas y ásperas; ya que al estrechar la mano de tu entrevistador, este podría pensar que tienes las manos sucias, llenas de mugre, y que no te preocupas por tu higiene y limpieza; lo que sería muy desfavorable para la imagen que deseas proyectar ante el entrevistador.

Si eres mujer y te gusta pintar y adornar tus uñas, asegúrate de que el acabado sea discreto y que tus uñas no queden muy largas. La manicura francesa es la ideal para lucir en una entrevista laboral.

El cabello es otro punto muy importante en tu imagen personal. Resalta u opaca nuestras facciones faciales. Al igual que ocurre con la ropa, muchas veces suponemos que tenemos el corte adecuado. Y no siempre es así.

Ya sea por moda o por simple comodidad, muchas veces optamos por ciertos cortes que no nos favorecen mucho. Lo ideal es acudir con un profesional, alguien con experiencia y conocimiento para indicarte el tipo de corte —e inclusive el color adecuado— para tu tipo de rostro y tono de piel.

Posiblemente resulte algo costoso, pero los resultados lo valen.

Piel del rostro y labios

Cuando saludes a tu entrevistador, lo primero que verá será tu rostro.

BIENVENIDO A LA EMPRESA: MÁS DE 200 CONSEJOS PARA ASEGURAR TU CONTRATACIÓN[85]

Tu rostro es tu principal carta de presentación, por lo tanto, deberías prestarle mucha atención. La imagen no solamente se trata de vestir bien y tener un buen peinado. Hay que cuidar todos los aspectos. Y el rostro es esencial.

La piel del rostro puede ser engañosa para los demás. Puedes estar perfectamente aseado y limpio, pero si tu rostro ha generado grasa, parecerás una persona sucia y descuidada.

Lo mismo ocurre con los labios. Los labios agrietados pueden hacer que los demás piensen que estás cansado o enfermo.

Hay personas que tienen piel grasa y su piel manifiesta brillos antiestéticos en el rostro. También hay personas con piel seca, y en ese caso, la piel del rostro se ve tensa y opaca.

Como recomendación, si tu piel tiende a generar brillos, te sugiero que adquieras una crema dermatológica con acción de regulador de sebo (grasa) y te la apliques en el rostro limpio, de preferencia al salir de la ducha. Este tipo de cremas ayudan a regular la producción de sebo en el rostro, dándole un aspecto mate y limpio durante el día, o por lo menos la mayor parte del día.

También podrías adquirir unos papeles absorbentes de arroz para el rostro, los cuales podrás llevar discretamente en tu bolso o portafolio. Se venden en muchas farmacias dermatológicas y tiendas departamentales; y con solo pasarlas por el rostro, absorberán la grasa que se ha formado. Recuerda que los climas cálidos y el nerviosismo tienden a agravar el problema de la piel grasa.

Por otro lado, si tienes piel seca, la piel del rostro podría verse tensa y agrietada. En ese caso, opta por un humectante facial.

Ya sea que tengas piel grasosa, seca, o mixta, lo idea es tener una apariencia fresca, juvenil y saludable.

Para evitar los labios resecos, un humectante labial sería suficiente para mantener tus labios hidratados. Si el problema es grave, deberías utilizarlo frecuentemente, por lo menos con una semana de anticipación a tu entrevista.

Si tus labios se ven secos y agrietados, haz una exfoliación cepillando tus labios con un cepillo de dientes. Cepilla tus labios con movimientos circulares y posteriormente aplica un poco de aceite de coco o aceite de oliva. En caso de no tener alguno de esos aceites a la mano, un poco de mantequilla —no margarina— o petrolato (vaselina), ayudará a suavizar y mantener la humedad en tus labios. Repite este procedimiento cada noche antes de acostarte, de preferencia —y de ser posible— comenzando dos días antes de tu entrevista.

Estos consejos son para hombres y mujeres por igual. Recuerda que no se trata de vanidad, sino de parecer la mejor opción para el entrevistador.

Si eres hombre y consideras que el cuidado de la piel del rostro y los labios son algo afeminado, considera que la mayoría de los reclutadores que entrevisté me rebelaron que muchas veces dan o niegan un puesto de trabajo basándose en la apariencia física del aspirante.

Vello facial

No hace falta decir que el vello facial es totalmente antiestético en las mujeres. Por lo tanto, no debería haber vello facial en una mujer cuando se presenta a su entrevista. En los

BIENVENIDO A LA EMPRESA: MÁS DE 200 CONSEJOS PARA ASEGURAR TU CONTRATACIÓN

hombres las cosas son diferentes, pero la opinión de los demás también lo es.

El vello facial en los hombres ha sido visto en la mayoría de las culturas como un signo viril: como algo de hombres. Pero hoy en día las cosas están cambiando. El vello facial en un hombre puede realzar su atractivo, pero también puede darle una apariencia sucia, descuidada y avejentada. Todo depende de la percepción y las preferencias, no de aquellos hombres que usan barbas, sino de aquellos que les observan.

Hay una linea muy delgada entre atractivo masculino y la falta de higiene. Y desgraciadamente para aquellos hombres que gustan de usar barba, todo esto cae en la categoría de imagen aparente.

En la actualidad, el vello facial es generalmente considerado por muchas personas como algo antiestético y antihigiénico cuando este es abundante y desarreglado.

El vello facial corto y bien contorneado, podría aumentar tu atractivo. Hay hombres que van bien con vello facial y hay quienes no. Pero el vello facial también puede hacer que aparentes ser mayor de lo que en realidad eres. Y recuerda que hay puestos laborales donde se da preferencia a los aspirantes más jóvenes.

Muchos hombres desempleados poseen barbas. Y en muchas ocasiones las barbas generan una apariencia de suciedad y descuido personal.

¿Qué tipo de hombres usan barbas largas? Posiblemente te venga a la cabeza la imagen de un hombre atractivo y varonil; aunque también podría ser la imagen de un drogadicto, un vagabundo, o un hombre que no se ducha con el pretexto de que «protege el planeta».

Como puedes notar, los estereotipos son muchos. Y aunque no correspondan a la realidad, desgraciadamente los estereotipos y la imagen aparente son la base de los juicios que hacemos todos los días.

Un estudio demostró que los aspirantes sin vello facial tenían mayores oportunidades de obtener el empleo. Cuando se entrevistó a los empleadores que participaron en dicho estudio, la gran mayoría de ellos afirmó que los aspirantes sin vello facial se veían más jóvenes y pulcros.

Recuerda que tu entrevistador es una persona y como tal, basa sus juicios en la apariencia de cada aspirante. Lo ideal es evitar riesgos, prescindiendo del vello facial. Opta por rasurarte el día de la entrevista. No solo te verás mejor, sino que además serás percibido como una persona aseada y atractiva.

Paradójicamente, la barba —siempre que sea uniforme, esté recortada y aseada— es sinónimo de autoridad, poder y liderazgo. Otro estudio demostró que los seres humanos sentimos mayor atracción, respeto y aceptación hacia aquellos hombres que parecen poderosos y exitosos; y la barba genera esa percepción en algunos hombres.

Es posible que te sientas confundido ante dos afirmaciones completamente opuestas, sobre todo cuando existen dos estudios con conclusiones muy contrastantes entre sí. Si consideras que un poco de vello facial realza tu atractivo, asegúrate de mantenerlo aseado y recortado.

Mi recomendación es la siguiente. Si eres joven y careces de experiencia, evita el vello facial. Por el contrario, si eres una persona de mayor edad o posees una larga trayectoria, podrías dejarte la barba. Solo asegúrate de mantenerla recortada, delineada y aseada.

BIENVENIDO A LA EMPRESA: MÁS DE 200 CONSEJOS PARA ASEGURAR TU CONTRATACIÓN

Si piensas obtener un empleo como ejecutivo, abogado, profesor de universidad, o cualquier profesión donde la experiencia y el liderazgo sean la norma, opta por dejarte la barba solo si esta te queda bien; mientras que si buscas un empleo donde exista cierta preferencia por los jóvenes, o si no posees mucha experiencia, lo mejor será prescindir de la ella.

Un último punto con respecto al vello facial. Existen empresas que no permiten a sus trabajadores portar vello facial. Pareciera increíble que en estos días exista cierta discriminación hacia los hombres que utilizan barbas. Pero si entendemos que los empleados son de alguna manera el rostro de la empresa, la idea no parece tan descabellada. Después de todo, de la misma forma en que los empleadores basan sus juicios en la apariencia de los aspirantes, no es de extrañar que los clientes de esa empresa también basarán su juicio en la apariencia física de los empleados de la compañía.

Por supuesto, el atractivo físico que puede aportar el vello facial en los hombres dependerá de la cultura y el nivel de aceptación de las personas que te observan, no de tus gustos personales. Pero como recomendación, supongo que lo mejor que puedes hacer para evitar riesgos innecesarios es evitar el vello facial el día de la entrevista.

Ejercicio práctico

Comienza a ser consciente de tu imagen personal. Haz dos escritos sobre tu imagen. Primero redacta una carta a ti mismo, explicando si consideras si tienes una imagen buena o mala. Explica por qué crees que tienes la imagen que crees tener, así como las ventajas y/o desventajas que tendría un cambio de imagen.

Luego redacta otra carta. Esta vez como si otra persona te la escribiera a ti. Haz una crítica a ti mismo, ya sea en forma positiva o negativa. Si crees que es necesario, colócate frente a un espejo y finge que estás haciendo la crítica a otra persona.

¿Cómo es la persona que está en el espejo? ¿Te parece agradable o no? ¿Le confiarías un puesto de trabajo? ¿Por qué?

Haz lo mismo que en la primera carta. Explica si la persona que ves frente al espejo tiene una buena o una mala imagen; y después explica si crees que esa persona debería cambiar su imagen o no y por qué.

Cuando termines ambas cartas, compara ambos escritos y utilízalos para identificar qué es lo que debes cambiar respecto a tu imagen.

Algunos estudios psicológicos señalan que cuando tenemos una charla mental, nuestra mente comienza a divagar y es fácil perder el rumbo de la conversación con nosotros mismos. Pero cuando escribimos, nuestra mente está más enfocada en el problema, y de esta manera es posible encontrar mejores soluciones a un problema. Además, siempre observamos defectos en los demás, pero nunca nos detenemos a pensar en nuestros propios defectos. Somos

BIENVENIDO A LA EMPRESA: MÁS DE 200 CONSEJOS PARA ASEGURAR TU CONTRATACIÓN

demasiado cobardes para admitir nuestros errores y defectos. En su lugar, preferimos criticar a otros, como una forma de autosatisfacción.

Este ejercicio te ayudará a darte cuenta de tus errores y defectos de imagen; y al mismo tiempo te ayudará a encontrar posibles soluciones para mejorar.

Resumen de *La imagen personal*

• Más del 70 % de la información que enviamos y percibimos se da por medio de la comunicación no verbal.

• Las personas atractivas obtienen mejores oportunidades laborales.

• La comunicación no verbal incluye entre otras cosas, gestos, señas, imagen personal, forma de vestir, estilo y forma de caminar.

• Menos del 30 % de la comunicación se da por medio de la comunicación verbal.

• Elimina la filosofía de, «*Soy quien soy. Así soy yo y la gente me debería aceptar*». Nunca funciona.

• Existen tres conceptos básicos de imagen: la imagen real, la imagen aparente y la imagen ideal.

• La imagen real es aquella que corresponde fielmente a la realidad. Puede ser positiva o negativa.

• La imagen aparente es aquella que muestra algo distinto a la realidad. Puede ser positiva o negativa. Aunque con frecuencia resulta negativa.

BIENVENIDO A LA EMPRESA: MÁS DE 200 CONSEJOS PARA ASEGURAR TU CONTRATACIÓN

- La imagen ideal es aquella que ha sido construida deliberadamente para proyectar una imagen positiva, sin importar que sea real o aparente.

- La primera impresión se construye en solo dos segundos. Olvida el mito de que se construye en uno o varios minutos.

- Los seres humanos nos sentimos instintivamente atraídos por las personas atractivas.

- Solo tienes dos segundos para que el entrevistador comience a formular decisiones y juicios sobre ti basados en tu apariencia.

- Como te ven, te tratan. Si te ves bien, te tratan bien.

- La imagen va de la mano con el lenguaje corporal y la actitud.

- El secreto de la elegancia es la talla adecuada a tu tipo de cuerpo.

- El hecho de que una prenda se vea bien en el mostrador o en el maniquí, no significa que te quedará bien a ti. Recuerda probarte las prendas frente un espejo antes de comprarlas.

- Para una entrevista de trabajo, utiliza calzado negro. Asegúrate de que se vea impecable.

- Asegúrate de que tus manos y uñas se vean bien.

- Evita que tus manos se sientan ásperas. Al dar la mano a tu entrevistador, podría pensar que están llenas de mugre.

- Las zapatillas deportivas y las sandalias están prohibidas para una entrevista laboral.

- Acude con un estilista profesional y pide un corte de acuerdo con tu tipo de rostro.

- Utiliza un humectante labial para evitar que tus labios se vean secos y agrietados.

- Asegúrate de que tu rostro se vea limpio, fresco y radiante. Si tienes piel grasa o mixta, puedes utilizar una crema humectante con efecto mate y regulador de sebo. Si tienes piel seca, utiliza un humectante facial.

- Si tus labios se ven muy secos y agrietados, exfólialos haciendo movimientos circulares con un cepillo de dientes todas las noches antes de acostarte. No olvides humectarlos.

- Es preferible evitar el vello facial el día de la entrevista.

El lenguaje corporal y la actitud

Una vez que hayas entendido que tu apariencia influye sobre los juicios y las percepciones que los responsables de recursos humanos puedan tener sobre tu persona con tan solo observarte un par de segundos, habrás entendido que es necesario ajustar tu imagen para que puedas parecer más competente. Es decir, generar la imagen ideal.

La apariencia física no lo es todo cuando se habla de imagen. Existen otros dos conceptos que debes entender y al mismo tiempo poner en práctica: el lenguaje corporal y la actitud.

Lenguaje corporal

El lenguaje corporal es la forma en la que tu cuerpo se expresa. Recientes investigaciones han demostrado que el cerebro de una persona es capaz de determinar cómo se siente otra persona con solo observar su rostro o su postura corporal.

Muchas personas que sufren abusos y humillaciones, se debe a que muestran un lenguaje corporal que indica sumisión; entonces algunas personas abusan de ellos, sabiendo que no se defenderán. ¿Cómo saben los abusadores que sus «víctimas» no se defenderán? Muy sencillo. Aunque nunca hayan leído nada sobre el lenguaje corporal, sus cerebros, basándose en el lenguaje corporal de sus «víctimas», les dicen de forma instintiva que no son una amenaza. De la misma forma, cualquier persona puede saber quién es una amenaza y quién no.

Esta cualidad ayudó a los seres humanos a sobrevivir antes de que existieran las sociedades y las normas jurídicas; donde una persona podía asesinar a otra persona sin ningún tipo de sanción. Y aunque estamos muy alejados de esos tiempos, esos instintos siguen escritos en nuestro ADN.

Actualmente no necesitamos estar a la defensiva como en aquellas épocas, pero aun así lo hacemos todos los días. Ya no es necesario saber quién es una amenaza o un posible colaborador, pero todos los días empleamos de forma inconsciente juicios para determinar si una persona es «material» para nuestra compañía o no.

No es necesario que alguien nos diga una sola palabra. Con solo mirar su postura o la expresión de su rostro de una persona, ya sabemos si nos agrada o no, si posee habilidades sociales o si es un «perdedor», si es una persona exitosa o un completo fracasado...

Dime si esto no te ocurre a diario. Todos los días formamos juicios en función de la imagen y el lenguaje corporal de las personas. Es algo instintivo y natural.

Y al igual que la forma en la que vestimos puede generar una percepción errónea sobre nuestra imagen, el lenguaje corporal también podría jugar en nuestra contra. Y una vez más, generarnos una imagen aparente negativa.

Puedes tener el mejor guardarropa del mundo y el mejor peinado de acuerdo con tu personalidad y tu rostro. Pero aun teniendo todo eso, si tu lenguaje corporal indica lo contrario, la gente piensa: "Esa persona busca ser alguien que no es".

¿Por qué aun teniendo las mismas prendas, el mismo peinado y el mismo tipo de cuerpo, unos son «*cool*» mientras que otros son «*out*», o incluso, «*wannabe*»? Eso es porque aunque poseen el mismo atuendo, el lenguaje corporal es diferente.

BIENVENIDO A LA EMPRESA: MÁS DE 200 CONSEJOS PARA ASEGURAR TU CONTRATACIÓN

La actitud

Otro concepto relacionado con la imagen es la actitud. La actitud va de la mano con el lenguaje corporal. Estudios recientes señalan que si bien nuestra actitud y nuestros sentimientos cambian nuestra postura o lenguaje corporal, también es posible «ajustar» nuestra actitud con tan solo cambiar nuestra postura y lenguaje corporal.

Ejercicio práctico

Puedes hacer el siguiente experimento.

La próxima vez que estés enojado o triste, pon una sonrisa en tu rostro durante unos segundos. Poco a poco, tu molestia o tristeza, comenzarán a desaparecer.

Si estás muy enojado, intenta reír a carcajadas, aun si no tienes alguna razón para hacerlo. Te darás cuenta de que tu enojo desaparecerá.

Si estás feliz, haz una cara enojada o aburrida y te sentirás diferente.

¿Necesito describirte como es una cara enojada o aburrida? Claro que no. Tu cerebro sabe exactamente cómo identificarla y al mismo tiempo, cómo imitarla.

Los mismos estudios sugieren que si deseas sentirte con mayor confianza en ti mismo, solo tienes que caminar derecho y con la frente en alto. O también podrías pararte durante dos minutos con las piernas separadas y las manos en la cadera, como si fueras un poderoso superhéroe. Créeme, el cambio de actitud es casi instantáneo. Ambas poses son lo que en lenguaje corporal llamamos «poses de poder». Y se ha descubierto que al mantener una pose de poder, se aumenta la testosterona hasta en un 20 %, tanto en hombres como en mujeres, lo que hace que disminuya nuestra timidez y aumente nuestra confianza y asertividad.

William James, un filósofo americano, dijo: "Si quieres una cualidad, actúa como si ya la tuvieras". Esto no es nada místico ni nada sacado de algún libro de autoayuda del nuevo pensamiento, ni nada por el estilo. Efectivamente, cuando actuamos como si fuéramos una persona diferente, o cuando pretendemos actuar con cierta actitud, el cerebro libera ciertas sustancias que interactúan dentro de nuestro cuerpo, sustancias que hacen que nuestra postura y lenguaje corporal cambie también. Y una vez que el lenguaje corporal ha cambiado, las personas a nuestro alrededor comenzarán a percibir nuestra presencia de forma diferente.

Este es el principio que utilizan los actores. Hay actores que son amados u odiados por los papeles que interpretaron, los cuales no reflejan su personalidad real; pero al pretender ser como sus personajes, su lenguaje corporal, su forma de ser, e incluso su tono de voz, cambiaron e hicieron que las personas generaran juicios y percepciones en función de la actitud de los personajes de la historia, mas no en función de la personalidad real de los actores que los interpretan. Los cerebros de los espectadores generan empatía o desprecio basándose únicamente en la actuación del actor. Y la actuación no es más que la combinación de un determinado lenguaje corporal y una actitud simulada.

Muéstrate como alguien seguro de sí mismo

¿Qué es lo que tienes que saber para aumentar tus posibilidades en una entrevista de trabajo? En primer lugar, tienes que mostrarte como alguien seguro de sí mismo. Comienza a caminar erguido, con la frente en alto y mirando hacia el horizonte. Las personas exitosas caminan con la frente en alto.

En la mayoría de los primates, incluido el ser humano, mostrarse alto y grande es sinónimo de liderazgo. Cuando las personas ven a alguien caminar erguido, notan a esa persona como alguien exitoso, confiado y con cualidades de un líder. Por otro lado, una persona que camina encorvada y con la mirada apuntando hacia el suelo, es percibida como alguien inseguro, fracasado, antisocial... en pocas palabras, como un perdedor.

Comienza a caminar erguido, mirando hacia el horizonte. Notarás que te sentirás más seguro y poderoso en pocos segundos. Incluso es posible que los demás te comiencen a percibir de manera diferente.

Camina un poco más lento y relajado de lo usual, pero no demasiado lento. Es decir, aprende a caminar sin prisa alguna. Tendemos a relacionar a la gente relajada como personas elegantes y exitosas.

Cuando vemos a alguien caminar rápidamente, o incluso corriendo, solemos pensar que está apurado y ansioso; lo que se traduce en que va retrasado y que es impaciente y posiblemente irresponsable. Las empresas no buscan personas con esas características, buscan personas relajadas, puntuales y eficientes.

La mejor forma de aparentar elegancia, paciencia y puntualidad, es caminando un poco más lento de lo habitual. Solo imagina cómo caminan las personas elegantes y poderosas; aquellos que tienen todo el tiempo de mundo y carecen de preocupaciones.

Sonríe

La sonrisa es una forma que los primates, incluido el ser humano, utilizan para evitar ser percibidos como amenaza. La sonrisa es una de las mejores formas de crear una buena conexión con otra persona.

La mayoría de los seres humanos sonríen de forma instintiva cuando alguien les sonríe primero. Y recuerda que cuando una persona sonríe, sin importar por qué lo hace, su cerebro poco a poco comienza a cambiar su humor. Esa es la razón por la cual las personas que sonríen con frecuencia suelen tener más amigos.

Sin embargo, hay que mencionar que el poder de la sonrisa se ve influenciado por la percepción cultural. En Rusia, por ejemplo, no suele ser bien visto sonreír a un desconocido, pues es considerado como un acto de hipocresía.

También hay que mencionar que según algunos estudios, los hombres suelen verse más dominantes, asertivos y confiados cuando se muestran sin emoción, lo que los anglosajones llamarían «cara de póker». En este caso, una sonrisa ligera, asentando ligeramente con la cabeza, sería lo ideal. Sin embargo, las investigaciones han demostrado que en el caso de las mujeres, siempre es mejor sonreír; les hace parecer más femeninas, alegres y confiables.

El apretón de manos dice más de ti de lo que piensas

Acostúmbrate a dar un apretón de manos firme; ni muy fuerte, ni muy flojo. Un apretón de mano firme refleja seguridad, confianza y liderazgo. Por otro lado, un apretón de mano muy fuerte es percibido como un intento de imposición, y a ningún superior le agrada que sus subordinados se sientan superiores a él. Por otro lado, un apretón de manos flojo te hará ver como alguien pasivo, inseguro e incapaz de tomar decisiones.

El apretón de manos debe adecuarse a la persona a la que le daremos la mano. En caso de tratarse de una mujer, debemos dar un apretón de manos más suave que a un hombre corpulento.

Una mirada dice más que mil palabras

Acostúmbrate a mirar a los ojos de las personas cuando te hablen, demuestra que confiamos y que somos de confianza. En la mayoría de las culturas se ve el contacto ocular como la mayor muestra de sinceridad y respeto.

Una forma de acostumbrarte a mirar a las personas a los ojos, es intentar notar de qué color son los ojos de tu interlocutor.

Muchas personas son incapaces de mirar a los ojos a otras personas, ya que por lo general, se trata de personas muy inseguras.

Si te cuesta mirar a las personas a los ojos, enfócate en el entrecejo o en la punta de la nariz; nadie notará la diferencia. También es importante que hagas pausas a tu mirada y voltees a otro lado de vez en cuando, de lo contrario podrías parecer amenazante e incomodar a la otra persona. No te preocupes mucho por eso. Por lo general, las personas solemos mirar cuando escuchamos y desviar la mirada cuando hablamos. Es algo natural, así que no requerirá ningún de esfuerzo de tu parte.

Lo que realmente dice tu cuerpo cuando hablas

Cuando te presentes ante el entrevistador, o ante cualquier otra persona, dirige tu torso hacia él o ella. Lo mismo aplica cuando estén hablando contigo. No importa si tu mirada está enfocada en la persona con la que estás hablando, la dirección hacia donde apunta el torso de una persona es el lugar donde se encuentra el punto de interés de esta. Así que si estás mirando a tu interlocutor pero tu torso apunta hacia otro lado, la persona con la que estás hablando podría pensar que no te interesa en absoluto continuar la conversación.

Uno de los mayores errores de los aspirantes al tomar asiento, es sentarse de lado, de manera que uno de los brazos se mantenga próximo al escritorio, manteniendo el torso de lado mientras la cabeza es dirigida hacia el reclutador.

Y muchas mujeres suelen sentarse girando ligeramente la cadera, apuntando los pies hacia la izquierda o la derecha, aun cuando el torso esté dirigido hacia la persona con la que hablan. Este también es un error.

Para asegurarte de no cometer errores, cuando tomes asiento asegúrate de que tu torso esté dirigido hacia el entrevistador y que tus pies no están dirigidos hacia ninguna puerta.

No se trata de que te mantengas estrictamente de frente ante el entrevistador, pero es importante que tu torso esté dirigido hacia la persona con la que hablas. Pudiera haber una ligera inclinación de tu torso, pero asegúrate de que esa «ligera inclinación» no pase de veinte grados.

Evita las barreras físicas

Cuando estés hablando con el entrevistador, evita cualquier barrera física entre esta persona y tú. Evita que tu portafolio o cualquier otro objeto cree una barrera que se interponga entre ustedes, eso incluye tazas y vasos. También evita entrelazar los dedos de las manos o cruzar los brazos y las piernas.

Las barreras indican que no estás dispuesto a escuchar, o que no estás de acuerdo con lo que te están diciendo. Desgraciadamente las personas no son conscientes de ello, pero los reclutadores sí.

Muchas veces el personal de recursos humanos está compuesto por psicólogos. Y es muy común que estudien el lenguaje corporal de una persona. Las barreras no necesariamente indican que no estás dispuesto a escuchar. Si estás en una entrevista de trabajo, significa que estás interesado. Sin embargo, los nervios pueden hacer que entrelaces los dedos, los brazos o las piernas; despúes de todo, cruzar los brazos o las piernas, es una reacción natural ante cualquier cosa que nos haga sentir incómodos. Por lo general, cruzamos los brazos cuando estamos ante un grupo de desconocidos, ya que no nos sentimos cómodos.

La mayoría de los mamíferos caminan en cuatro patas, pero los seres humanos comenzamos a caminar erguidos hace millones de años. De esta manera, al dejar de caminar en cuatro patas y comenzar a caminar derechos, nuestros órganos vitales están continuamente expuestos y vulnerables. Por esta razón, de manera instintiva tendemos a cruzar los brazos cuando estamos incomodos o nerviosos. Después de todo, cruzar los brazos significaría que no confías en la otra persona y que no estás dispuesto a cooperar. Y en el pasado, la cooperación era vital para la supervivencia, por lo que una persona no cooperativa era —y sigue siendo— no apta para integrarse a un grupo.

Cualquiera que sea el motivo por el cual coloques una barrera, el entrevistador podría considerar que no estás interesado. Así que la mejor manera de crear una buena impresión es evitar crear barreras. Y al igual que todos los consejos de este capítulo, no solo te será de gran ayuda para causar una buena impresión ante cualquier reclutador, sino que también te será de gran utilidad cuando quieras intentar socializar con nuevas personas.

Las manos también hablan

Las manos pueden ser utilizadas para «enriquecer» nuestras palabras. La mayoría de las personas utilizan sus manos al hablar cuando son sinceras. Pero en el caso de una entrevista laboral, es mejor usarlas con discreción.

Puedes utilizar las manos para señalar sutilmente tu currículum o a ti mismo, pero es importante que entiendas que no debes usarlas de forma violenta e invasiva, es decir, no señales autoritariamente, ni tampoco las pases por el rostro del entrevistador. No solo le parecerá extraño, sino que podría molestarse.

Contacto físico

El contacto físico es una de las formas para crear empatía más efectiva que existe. Cuando se toca a alguien, el cerebro de ambas personas libera un neurotransmisor llamado oxitocina; una hormona que nos hace sentirnos queridos y protegidos. La oxitocina también es conocida como la «hormona del amor», ya que al ser liberada por el cerebro, nos sentimos felices y vinculados con las personas con las que estamos.

A pesar de que el contacto físico es una forma de liberar la oxitocina entre las personas, también existe la posibilidad de que la otra persona muestre un rechazo al ser tocada. Y en ese caso, la oxitocina creará el efecto contrario: pondrá a esa persona a la defensiva.

A algunas personas les gusta estar dando palmadas en la espalda o tocando los brazos de otras personas como una forma de llamar la atención, o simplemente porque les gusta el contacto físico. Pero a otras personas les desagrada el contacto físico; ya sea por cuestiones culturales o por tener prejuicios acerca del contacto físico, generalmente prejuicios sexuales.

Lo mejor es evitar riesgos y mostrar respeto al entrevistador. Al no conocer a la persona que hace la entrevista, lo ideal es que no procedas a dar palmadas al hombro o a la espalda.

Normalmente, dar palmadas en la espalda o en el hombro es una señal de aprobación, así que recuerda que tú no vas a aprobar a tu entrevistador, sino que el entrevistador te va a dar o no su aprobación.

Saca las manos de los bolsillos

Cuando estés hablando con tu entrevistador, o con cualquier otra persona, evita tener las manos en los bolsillos. Hablar o escuchar a alguien manteniendo las manos en los bolsillos puede significar indiferencia y mala educación, aunque también pudiera ser un claro indicador de que eres una persona muy insegura y carente de habilidades sociales.

Tampoco camines con las manos en los bolsillos. Si es un hábito muy arraigado, intenta eliminarlo con algunos días de antelación a tu entrevista. Cuando alguien camina con las manos en los bolsillos, su lenguaje corporal le comunica a las demás personas fracaso y abatimiento.

Practica tu lenguaje corporal desde hoy

Es muy importante que comiences a practicar tu lenguaje corporal y tu actitud, y que los mantengas todos los días. No esperes hasta el día de tu entrevista, de lo contrario te sentirás incomodo; lo cual hará que tu lenguaje corporal cambie a uno que indique inseguridad. Y muy probablemente seas percibido como alguien incapaz de cubrir el puesto.

La actitud debe ser practicada y mantenida todos los días. Puedes comenzar el día de hoy. Notarás que te sentirás como una persona diferente.

Resumen de *El lenguaje corporal y la actitud*

- Muéstrate ante los demás como alguien seguro de sí mismo.

- Acostúmbrate a caminar con la frente en alto y mirando hacia el horizonte.

- Camina de forma lenta y relajada. Es decir, aprende a caminar sin prisas.

- Los seres humanos solemos ver a la gente relajada como personas elegantes y exitosas.

- Acostúmbrate a dar un apretón de manos firme. Ni muy fuerte, ni muy flojo.

- Cuando te presentes, o estés hablando con tu entrevistador, asegúrate de que tu torso esté dirigido hacia esa persona.

- Mantén contacto ocular, pero no excesivo.

- Si te cuesta mirar a las personas a los ojos, mira su entrecejo.

- Sonríe cuando saludes. Muéstrate como una persona alegre y social.

- Evita las barreras físicas. Evita que tu bolso, portafolio o cualquier otro objeto se interponga entre el entrevistador y tú.

- Cuando estés en presencia de alguien, evita cruzar los brazos, las piernas y los dedos de las manos.

- El lenguaje corporal y la actitud deben ser practicados y mantenidos todos los días.

- Para evitar riesgos, evita el contacto físico innecesario.

- Cuando estés hablando con otra persona, sea quien sea, no mantengas las manos dentro de tus bolsillos.

- No camines con las manos dentro de los bolsillos.

- No esperes el día de la entrevista para comenzar a practicar tu lenguaje corporal, de lo contrario te sentirás incomodo; lo cual hará que seas percibido como alguien tímido e incompetente.

Qué revela el lenguaje corporal

El estudio del lenguaje corporal ha despertado un gran interés en los últimos años. Muchas personas lo estudian para comprender mejor a otras personas; otros, lo estudian para mejorar sus habilidades sociales y su comunicación con los demás; y algunas otras personas lo estudian tratando de convertirse en detectores de mentiras humanos.

La serie de televisión *Lie to Me*, una serie televisiva acerca de un grupo de científicos cuyo trabajo es desenmascarar mentirosos, acercó y popularizó esta rama de estudios entre la población general. En cada uno de sus episodios, se nos mostró un panorama donde el conocimiento del lenguaje corporal, era una técnica infalible y muy fácil para la detección de mentiras, la lectura del pensamiento de las personas, e incluso, como una forma de influir en los demás.

Ante todo, no debemos olvidar que la serie *Lie to Me* es una serie de ficción, creada para el entretenimiento. No es un documental ni tampoco fue creada como una serie con fines educativos.

La trama de *Lie to Me* corresponde a la realidad en un pequeño porcentaje, pero la mayor parte de ella es ficción. Y no deberías tratar de poner en práctica lo que «has aprendido» en la serie; ya que al carecer de más información y la formación necesaria, podrías equivocarte al interpretar las cosas.

Efectivamente, podemos conocer lo que las personas piensan acerca de nosotros, influir en los demás, e incluso detectar mentiras mediante el lenguaje corporal y las expresiones faciales, pero en la vida real las cosas son diferentes.

En primer lugar, las cosas no son tan fáciles como en *Lie to Me*. La lectura del lenguaje corporal, sobre todo las microexpresiones faciales, requieren años de estudio e investigación. Eso sin mencionar que, al igual que en la serie, necesitaríamos de una videocámara para poder revisar cada segundo de grabación y así poder encontrar las microexpresiones, para luego revisar la psicología de las personas y así evitar falsos resultados.

Por otro lado, si bien ese tipo de investigaciones son posibles en la vida real, no es algo que se resuelva de un día para otro.

En este capítulo no te hablaré sobre cómo detectar mentiras, para ello necesitaría escribir varios libros que involucren temas científicos. Pero sí te acercaré un poco al significado del lenguaje corporal.

¿Por qué es importante que conozca el significado del lenguaje corporal? ¿Qué tiene que ver esto con obtener un empleo? Puede que te estés haciendo este tipo de preguntas. Sin embargo, el lenguaje corporal es algo que el entrevistador tomará en cuenta, ya sea de forma consciente o inconsciente.

En muchas ocasiones el personal de recursos humanos ha estudiado psicología, posiblemente psicología administrativa; y el lenguaje corporal, o por lo menos sus bases, es algo que se puede estudiar en los cursos de psicología administrativa. Por lo tanto, y aunque posiblemente el entrevistador carezca de mayor información al respecto, creará sus juicios en función de tu lenguaje corporal.

En este capítulo aprenderás el significado de tu lenguaje corporal y el de los demás. Así, al conocer el significado de tu lenguaje corporal, podrás «ajustarlo» para hacerte ver como alguien más competente. También podrás reconocer patrones en tu entrevistador y darte una idea de cómo estás siendo evaluado. Pero es importante que no exageres. No serás un detector de mentiras, ni mucho menos un agente de *Lie to* Me. Ni siquiera aprenderás a descifrar mentiras en este libro.

También hablaré un poco más a fondo sobre las actitudes y lo que estas revelan acerca de ti. Y como mencioné en capítulos anteriores, es importante que comiences a poner estos consejos en práctica, y no hasta el día de la entrevista.

Seguridad y liderazgo

Como ya he mencionado, las empresas buscan personas seguras de sí mismas y por lo general, los líderes son los que obtienen los mejores puestos.

No hay que confundir el término líder con la palabra jefe. Un jefe puede ser o no un líder; pero un líder no necesariamente tiene que ser el jefe.

Un líder es aquella persona que es respetada y admirada; cuyo liderazgo hace que los demás le sigan y le apoyen. Por otro lado, un jefe pudo haber obtenido ese puesto, pero si nadie le sigue, entonces no es un líder.

¿Has visto que en algunas ocasiones algunos empleados tienen mayor influencia sobre el resto del personal que los propios jefes? Eso pasa cuando el jefe no tiene capacidad de liderazgo, un jefe sumiso, por ejemplo.

Los líderes son personas seguras de sí mismas. No son sumisos. De hecho, un líder ni siquiera es tímido. Por el contrario, los líderes son directos, sociables y asertivos.

¿Cómo puedes distinguir a las personas seguras de sí mismas?

Aquí tienes algunas características de las personas seguras de sí mismas:

- Tienen una postura erguida.

- Su forma de vestir suele ser formal y cuidada.

- Prestan mucha atención a su imagen personal.

- No siguen las modas, ya que consideran que no es algo necesario para ser aceptados.

- Participan activamente en las conversaciones.

- Prefieren la elegancia.

- En un grupo de personas, ellos se colocan en medio del grupo, no en el exterior.

- Mantienen contacto visual cuando hablan.

Un líder posee todas las características de las personas seguras de sí mismas. Pero hay algunas características adicionales que solo los líderes poseen.

Además de las características de las personas seguras de sí mismas, estas son algunas de las características adicionales de los líderes:

- Dan la mano con firmeza cuando saludan.

- Suelen estar rodeados de gente.
- Suelen estar bien vestidos.
- Saben escuchar.
- No intentan monopolizar las conversaciones.
- Ofrecen su ayuda cuando pueden.
- Generalmente son quienes dirigen las conversaciones.
- Cuidan su higiene.
- Son sociables y saludan a las personas a su alrededor.

Es muy difícil que una persona insegura se convierta en una persona con mucha seguridad o incluso en líder. El cambio es posible, pero no es instantáneo. Puedes tratar de adoptar las características de un líder y poco a poco tu personalidad puede cambiar, pero debes tener expectativas realistas. Lo que sí debes considerar es que bajo ninguna circunstancia te conviene mostrarte como alguien inseguro y sumiso.

Humildad y arrogancia

Otra característica de los líderes es la humildad. Las personas humildes tienen más amigos, lo que significa que su red de contactos es más amplia. Por otro lado, tu humildad le causará una buena impresión a tu entrevistador. Y cuando obtengas el empleo, es posible que subas de puesto rápidamente debido a que las empresas suelen ven con buenos ojos a las personas humildes por su capacidad de trabajo en equipo.

La humildad no se reserva a los líderes, cualquier persona puede y debería practicarla.

Existe una confusión lingüística en algunos países acerca de la palabra humildad. Humildad no significa carencia de recursos económicos. Se trata más bien de una actitud amigable, amable, colaboradora y desinteresada.

Tampoco hay que confundir la humildad con la sumisión. Muchas personas creen que andar detrás de una persona y hacer todo lo que la otra persona desea y en el momento en que lo desea, es humildad. Pero eso no es humildad, es más bien sumisión y hasta cierto punto, humillación.

Estas son algunas de las características de las personas humildes:

- Les gusta escuchar.

- No monopolizan las conversaciones.

- Si accidentalmente interrumpen a alguien, se disculpan y dejan que la otra persona sea quien hable primero.

- Tienen una actitud directa pero amable.

- No critican a los demás; en su lugar, cuando hablan acerca de otras personas prefieren hablar sobre sus cualidades y sus virtudes.

- Son amables y amigables.

- Tienen una actitud positiva.

- Se ríen de sí mismos.

En el otro extremo tenemos a las personas arrogantes. Aquellas que creen que son el centro de atención y que todo se trata acerca de ellos. Se trata de personas demasiado superficiales que buscan sobresalir de entre la multitud, sin importar cómo quedan los demás.

Las empresas no simpatizan mucho con este tipo de personas, de hecho, la mayoría de las personas tampoco lo hace. Son todo lo contrario a las personas humildes. Si te encuentras dentro esta categoría, deberías intentar ajustar tu actitud.

Estas son las características de las personas arrogantes:

- Se miran al espejo a cada rato.

- Hacen gestos exagerados cuando hablan.

- No solamente van muy preparados, también desean demostrarlo a toda costa; aunque eso signifique menospreciar las capacidades de los otros aspirantes.

- Siempre tratan de ser el centro de atención.

- No les gusta escuchar. Prefieren hablar.

- Siempre tratan de monopolizar las conversaciones.

- Siempre interrumpen a los demás para imponer sus conversaciones.

- Son presumidos.

- Son ególatras y egocéntricos.

- Como no les gusta escuchar a los demás, se aburren con mucha facilidad cuando los demás hablan.

La razón por la cual las empresas —y la mayoría de las personas— suelen evitar a las personas arrogantes, es porque ellos siempre tratarán de llegar a la cima y no les importa si tienen que aprovecharse de otras personas para lograrlo. Tampoco son buenos trabajando en equipo, de hecho, les incomoda trabajar con otras personas; y cuando lo hacen, siempre quieren llevarse el crédito para ellos mismos. Son el tipo de personas que piensan que cuando las cosas van bien, es porque el equipo anda bien porque ellos mismos han hecho aportaciones significativas al equipo; pero cuando las cosas van mal, siempre tratan de culpar a los demás, queriendo quedar como los únicos libres de responsabilidades por los errores cometidos por el grupo.

No manifiestes miedo

El miedo es un instinto que tenemos todos los seres humanos ante eventos desconocidos o ante cualquier cosa que pueda amenazar nuestra supervivencia, nuestro bienestar y nuestra salud; pero también es un indicativo de las personas inseguras y sumisas.

El miedo puede manifestarse en una entrevista de trabajo. No hablo de un miedo extremo como podría ser una fobia, aunque algunas personas podrían experimentar algún tipo de fobia social, hablo de un miedo a no conseguir el empleo, a no responder correctamente durante la entrevista, a no tener todos los documentos necesarios, en fin, la lista puede ser interminable.

La incertidumbre genera temor y el temor genera miedo. Necesitamos ser conscientes de ello y tratar de evitar que nuestro miedo se haga evidente.

Si bien el miedo puede darse por las razones antes mencionadas, tu nerviosismo puede generar un sentimiento de rechazo en tu entrevistador. Generalmente, aquellas personas que tienen algo que ocultar, aquellas que mienten, o aquellas que han hecho algo malo, son los que reflejan el lenguaje corporal característico del miedo.

El ser humano ha evolucionado para sospechar de todo y de todos. El sentido común es una de las características evolutivas que le han permitido al ser humano conseguir la supervivencia de la especie; y todavía en la actualidad, ese mismo sentido común nos permite «filtrar» nuestras relaciones sociales para sentirnos más seguros.

En cuanto a las entrevistas laborales, el miedo que reflejas puede ser percibido de forma negativa, eliminando tus posibilidades de ser contratado, ya que si el entrevistador no se siente cómodo ante tu presencia, lo más probable es que te niegue el puesto.

Las personas sienten atracción o rechazo debido a la forma en la que la otra persona les hace sentir. Si el entrevistador no se siente bien ante ti, no consideres que te dará el puesto.

Lo importante es que aprendas a evitar el miedo, o que por lo menos aprendas a disimularlo.

Estas son algunas de las características que delatan el miedo:

- Tragar saliva
- Hablar muy rápido.
- Echar el cuerpo hacia atrás de forma súbita.
- Postura rígida.
- Ojos muy abiertos.
- Quedarse paralizado.
- Manos sobre la cara.
- Lamerse los labios.
- Respiración entrecortada.
- Temblar.

Si bien es cierto que los entrevistadores saben que es posible que sientas muchos nervios y que llegues incluso a tener algo de miedo, lo ideal es evitar riesgos. No solamente eso, sino que al no parecer una persona insegura y temerosa, te mostrarás como una persona segura de sí misma. Recuerda que las personas se sienten atraídas ante aquellas personas con seguridad en sí mismas, y los entrevistadores no son la excepción. Así que muéstrate seguro en todo momento. Y si crees que no es posible, al menos disimula tu temor.

La confusión te hace parecer inseguro

Otra cosa que te hace ver inseguro es la confusión. Una persona confundida también puede parecer mentirosa. Generalmente, una persona que miente estará confundida, ya que al estar inventando una historia, también tiene que asegurarse de no decir algo que le delate.

La confusión delata a los mentirosos, y de hecho es uno de los indicios que indican que una persona podría estar mintiendo. Cuando alguien con conocimientos sobre la detección de mentiras quiere desenmascarar a un mentiroso, hace preguntas confusas a propósito para que el mentiroso delate a sí mismo.

Los nervios pueden hacerte sentir confundido, en especial si has practicado lo que ibas a decir en la entrevista. Al practicar lo que se pretende decir en la entrevista, se corre el riesgo de que las cosas sean diferentes. No digo que no sea bueno practicar lo que piensas decir en la entrevista, pero hay algunas personas que son demasiado obsesivas y cuando las cosas son un poco diferentes a como lo han imaginado, se confunden y no saben cómo responder, ya que el escenario imaginario que habían creado no es el que ocurre al momento de la entrevista.

También es normal te confundas un poco debido a los nervios, pero lo ideal es evitar cualquier tipo de confusión.

La confusión no solo se trata de las palabras que empleamos al hablar, también se puede poner en evidencia mediante el lenguaje corporal.

Estas son algunas de las señales que las personas muestran cuando experimentan confusión:

- Sus movimientos son repetitivos.
- Se contradicen con frecuencia.
- Muestran signos de frustración.
- Se ven nerviosos.
- Suelen tener repeticiones verbales.
- Muestran signos de indecisión.

- Cambian mucho su postura.

Al igual que con el miedo, los entrevistadores serán conscientes de tus nervios y podrían tomarlo en consideración al momento de tu entrevista, pero a diferencia del miedo, existe una mayor posibilidad de que tu confusión pueda ser interpretada como una cadena de mentiras.

Evita avergonzarte

Otro factor que puede disminuir tus posibilidades de obtener el puesto laboral que estás buscando es la vergüenza. Como mencioné en otros capítulos, las empresas siempre mostrarán cierta preferencia por las personas extravertidas, personas que puedan relacionarse con facilidad con otras personas y que al mismo tiempo, sean capaces de trabajar en equipo.

Cualquier entrevistador podría pensar que al mostrarte avergonzado con demasiada facilidad, se deba a que eres una persona tímida e introvertida, algo nada favorable si quieres asegurar un puesto en alguna empresa.

Las empresas siempre preferirán a una persona extravertida antes que a una persona introvertida porque las personas extravertidas pueden relacionarse mejor con los clientes y con los demás miembros de la compañía. Y definitivamente, una mejor interacción con los clientes le dará mayores ganancias a cualquier empresa.

Otro punto importante a tener en cuenta es que la vergüenza puede ser vista como un indicio de mentiras. En muchas ocasiones, los mentirosos muestran señales de vergüenza, sobre todo si se trata de «adornar» la verdad, y no de una mentira como tal.

Existen personas que sienten vergüenza con frecuencia, pero para que evites exponerte como una persona avergonzada, debes saber cómo se interpreta la vergüenza.

Estas son algunas de las señales corporales de la vergüenza:

- Evitar el contacto visual.
- Mover rápidamente la cabeza.
- Darse la vuelta.
- Bajar la mirada.
- Hablar rápido.
- Ruborizarse.
- Reírse de forma nerviosa.
- Marcharse rápidamente.

No muestres hostilidad

Caerle bien al entrevistador es una de las mejores formas de asegurar tu puesto dentro de la empresa. Anteriormente mencioné que las personas pueden llegar a sentir atracción o rechazo por otras personas; y esto aplica para todas las relaciones sociales, incluyendo las laborales.

La mayoría de las personas quieren dar una buena primera impresión ante el entrevistador; eso significa que la mayoría de las personas intentarán mostrarse como personas agradables y simpáticas. Sin embargo, muchas personas, sin darse cuenta de ello, llegan a manifestar hostilidad en lugar de simpatía, lo que genera un fuerte rechazo en el entrevistador, en lugar de causar atracción o simpatía.

Hay personas que sin saber por qué, le caen mal a todo el mundo, o por lo menos a la mayoría de las personas. Son personas que tratan de hacer bien las cosas con los demás. Quieren —e intentan— ser simpáticos y agradables, pero las personas siempre tienen un mal concepto de ellas. Esto ocurre porque su lenguaje corporal manifiesta hostilidad, sin importar si esas son sus intenciones reales.

¿Recuerdas qué es la imagen aparente? Es exactamente lo que ocurre con las personas que quieren ser agradables pero que manifiestan hostilidad. Lo que ocurre es que su lenguaje corporal no es congruente con lo desean comunicar y por esa razón, el receptor del mensaje, en este caso el entrevistador, se guía por el lenguaje corporal de la persona. Y aunque el entrevistador no tenga conocimiento alguno sobre el lenguaje corporal, en caso de que manifiestes hostilidad o generes algún sentimiento de rechazo, tomará su decisión de forma instintiva.

Puedes tener las mejores intenciones para con la otra persona y al mismo tiempo decir cosas muy agradables, pero si tu lenguaje corporal muestra signos de hostilidad, serás percibido como alguien falso e hipócrita; en otras palabras, como alguien en quien no se puede confiar.

Existen varias maneras de parecer hostil, pero cuando se trata de una entrevista de trabajo, o de cualquier otra situación laboral, las dos maneras más comunes de mostrar hostilidad son estar a la defensiva o mostrar resentimiento.

No te pongas a la defensiva

BIENVENIDO A LA EMPRESA: MÁS DE 200 CONSEJOS PARA ASEGURAR TU CONTRATACIÓN

Estar a la defensiva es un reflejo inconsciente cuando observamos o experimentamos algo en lo que no estamos de acuerdo. Es una reacción natural en los seres humanos.

Como seres humanos, siempre queremos ser los primeros y los mejores en todo. No nos gusta la subordinación, aunque como en el resto de las especies primates, la subordinación es parte de la supervivencia de la especie. Necesitamos estar de acuerdo con los líderes para evitar ser excluidos.

El problema es que como humanos, somos orgullosos. El orgullo es parte de nosotros, es una parte esencial de lo que significa ser humano. Sin embargo, de la misma forma en que seas una persona orgullosa, tu entrevistador también podría serlo.

Cuando no se llega a un acuerdo mediante el diálogo, inmediatamente nos ponemos a la defensiva. Es probable que en una entrevista de trabajo no se llegue a una discusión, pero si tu lenguaje corporal muestra signos de estar a la defensiva, es muy probable que tu entrevistador te descalifique. Nadie quiere a una persona conflictiva dentro de la empresa. Por lo tanto, si tu imagen aparente es la de una persona conflictiva, no lograrás conseguir el puesto.

Recuerda que las personas que te observan no necesitan tener algún conocimiento sobre el lenguaje corporal. Porque las personas respondemos de manera instintiva al lenguaje corporal de los demás. Así que aunque no dijeras nada, si muestras signos de agresividad o de estar a la defensiva, instintivamente podrías ser descalificado.

La interpretación del lenguaje corporal es un sistema de reconocimiento que nos ha ayudado a sobrevivir y que hemos desarrollado durante millones de años. Un sistema que sin embargo, aún ponemos en práctica de manera instintiva, sin ser consciente de ello. Esa es la razón por la cual puedes «ver» cuando una persona está pasando por algún problema aun cuando no te ha dicho nada.

Así que no importa si crees que tu entrevistador no será consciente de tu lenguaje corporal, porque aun si no es consciente de ello, instintivamente captará el mensaje que envías con lenguaje corporal. No por nada se llama comunicación no verbal. Sin embargo, si eres consciente de tu lenguaje corporal, puedes sacar mucha ventaja de este conocimiento.

Estos son algunos de los indicadores no verbales que muestra una persona cuando está a la defensiva:

- Cruzar los brazos y las piernas.

- Colocar objetos como un brazo, el portafolio o una carpeta entre su torso y la otra persona.

- Manos en las caderas con los dedos en la espalda.

- Exhalar rápidamente.

- Hablar rápidamente y en tono elevado.

- Apretar los labios.

- Apretar los dientes.

- Apretar los puños.

- Mirar fijamente y de forma amenazante.

Parecer estar a la defensiva disminuirá tus posibilidades de conseguir un empleo. Pero además de parecer que estás a la defensiva, existe otra forma de parecer una persona hostil, expresar resentimiento.

No muestres resentimiento

Diversos estudios han demostrado que cuando alguien le sonríe a otra persona, por simple inercia esta le devuelve la sonrisa, aun cuando no conoce a la persona. Lo mismo ocurre con el resentimiento. Cuando muestras resentimiento, la otra persona se pone a la defensiva y no tarda mucho en llegar al resentimiento; y cuando alguien siente resentimiento por otra persona, no será posible llegar a un acuerdo.

Mostrar resentimiento es la peor forma de hostilidad, ya que representa una posible amenaza para la seguridad de la otra persona; y aunque es posible que solo se trate de una imagen aparente, lo cierto es que ningún entrevistador quiere correr riesgos.

Es poco probable que muestres signos de resentimiento en una entrevista laboral, pero existe una serie de errores de percepción llamados «distorsiones cognitivas». En palabras simples, una distorsión cognitiva es un error en el procesamiento de la percepción, el cual está basado en una serie de creencias negativas y exageradas, las cuales provienen de experiencias negativas que han ocurrido en el pasado y que no se ajustan a la realidad actual. Esa es la razón por la cual una mujer hermosa no consigue que algunos los hombres le hablen, ya que ellos, al basarse en experiencias pasadas de rechazo con otras mujeres bellas, pensarán que ella también es una mujer fría, indiferente y oportunista; aunque eso no sea verdad.

De igual forma, al mostrar resentimiento —aunque solo sea mediante tu lenguaje corporal— es posible que el entrevistador base sus juicios en sus distorsiones cognitivas y cree un mal juicio sobre ti.

Para evitar ser percibido como una persona que muestra signos de resentimiento, evita que tu lenguaje corporal te traicione.

Estos son algunos de los signos no verbales que muestran las personas con resentimiento:

- Brazos cruzados, sobre todo a la altura del pecho.

- Evitan el contacto visual.

- En contraste con el punto anterior, pueden mostrar contacto visual persistente y agresivo.

- Mala cara.

- Muestra signos de ira.

- Rigidez corporal.

- Evita a los demás.

- Hace muecas como signo de inconformidad.

- Apretar los puños.

BIENVENIDO A LA EMPRESA: MÁS DE 200 CONSEJOS PARA ASEGURAR TU CONTRATACIÓN

Para obtener los mejores resultados en una entrevista laboral, evita parecer una persona hostil. Lo mejor es que te muestres como una persona social y agradable desde el principio. Pero tampoco exageres, de lo contrario crearás el efecto contrario.

Además de los signos de hostilidad, existe otro tipo de actitud cuyo lenguaje corporal hará que cualquier posibilidad de ser contratado se vea disminuida, se trata del interés sexual.

Evita las insinuaciones sexuales

Es normal sentir deseos sexuales después de la pubertad. El sexo es una actividad vital y muy placentera para el ser humano. Las necesidades sexuales están presentes tanto en hombres como en mujeres. Algunos son muy abiertos con respecto a su sexualidad, mientras que otros son demasiado reservados al respecto.

Aunque el sexo es una actividad natural y al mismo tiempo indispensable para la supervivencia de la especie, se ha convertido en un tabú en la mayoría de las culturas. Pero ¿qué tiene que ver el deseo sexual con el éxito o fracaso al buscar empleo?

Cada año, muchas empresas pierden miles, e incluso millones de dólares en demandas por acoso sexual entre sus empleados y directivos. El problema no son únicamente las demandas por acoso sexual, sino que en muchas ocasiones el acoso sexual nunca existió, simplemente fue una manera poco ética que utilizó el demandante para obtener dinero fácil.

El gasto económico que producen las demandas por acoso sexual ha hecho que muchas empresas tomen todo tipo de precauciones. Desde colocar cámaras de seguridad por todo el edificio, eliminando por completo la privacidad dentro de la empresa, hasta ser más precavidos durante el proceso de selección del personal laboral.

Cualquier insinuación del tipo sexual puede levantar todo tipo de sospechas en la empresa, ya que los pone en alerta sobre una posible demanda por acoso sexual. Lo mismo aplica tanto para hombres como para mujeres.

Si eres mujer y la entrevista la realiza un hombre y muestras algún tipo de insinuación sexual, es probable que no se arriesguen en contratarte. Por otro lado, si eres hombre y la entrevista la realiza una mujer, cualquier insinuación del tipo sexual podría incomodarla e incluso molestarla, con lo cual tendrá motivos suficientes para no contratarte.

Estos son algunos de los signos no verbales que demuestran interés sexual:

- Contacto visual prolongado.
- Hacer guiños.
- Reclinarse hacia adelante con mucha frecuencia.
- Escuchar con mucha atención sin dar retroalimentación.
- Sonrisa exagerada.
- Humedecer los labios.
- Atraer la atención de la otra persona hacia ti de manera insistente.
- Acicalarse.
- Sonreír con timidez.
- Tocar a la otra persona.
- Parpadear con frecuencia.

BIENVENIDO A LA EMPRESA: MÁS DE 200 CONSEJOS PARA ASEGURAR TU CONTRATACIÓN

Hay empresas que tienen cero tolerancia ante las insinuaciones sexuales entre sus empleados, así que lo mejor es que evites cualquier signo de insinuación sexual.

Si eres hombre, evita observar con lujuria a cualquier mujer en la oficina; ya sea que se trate de la recepcionista, la secretaria o, en caso de ser mujer, la persona que realiza la entrevista. No importa el rango que tenga dentro de la empresa, evita la tentación de observar con lujuria a cualquier mujer, aun si no te observan.

Lo mejor es evitar cualquier riesgo que ponga en peligro la posibilidad de obtener el puesto laboral que buscas.

¿Eres una persona abierta o reservada?

Las personas que muestran un carácter abierto son generalmente percibidas como personas amigables, sociables y confiables; en pocas palabras, inspiran confianza. Este tipo de personas tienden a tener una red de contactos más grande, tienen más amigos, tienen una mejor relación con sus jefes y también son quienes suben de puesto más rápido y con más facilidad.

Por otro lado, las personas cerradas son percibidas como antisociales, antipáticas y conflictivas. Este tipo de personas, por el contrario, tienen menos amigos, sus relaciones sociales son menores y poco satisfactorias; lo que reduce su red de contactos y al mismo tiempo, son los que menos oportunidades tienen dentro de la empresa.

En una entrevista de trabajo debes mostrarte como alguien amigable, abierto y confiable. Eso hará que aumenten tus posibilidades de conseguir un empleo. Por el contrario, si te muestras como alguien antipático y antisocial, serás percibido como alguien sin metas ni aspiraciones; dos cosas en las que las empresas están muy interesadas.

Una persona abierta tiene las siguientes características:

- Muestra una sonrisa cordial y amigable.
- Se mantiene cerca de las personas con las que está platicando.*
- Mira de frente a las personas con las que habla.
- Da besos y abrazos cuando saluda.*
- Mantiene contacto visual frecuente; pero no persistente ni amenazante.*

Nota

(*) Los puntos marcados no son universales, son más bien culturales. Considera si es apropiado o no dependiendo del país donde estés buscando empleo. En cuanto a los besos y abrazos, lo mejor es evitarlos, a menos que sea tu entrevistador quien lo haga primero.

Las personas reservadas, por el contrario, suelen enviar otro tipo de señales.

Estos son los signos no verbales más comunes en las personas reservadas:

- Tienen una postura encorvada.
- Tiene la mandíbula tensa.
- Expresan poca emoción.
- Se tapan la boca con la mano.

- Su apretón de mano es leve.
- Hacen cuchicheos.
- Miran constantemente hacia abajo.

La mejor forma de no parecer una persona reservada es analizando tu lenguaje corporal y tratar de cambiarlo por un lenguaje corporal más parecido al de las personas con carácter abierto. No solo parecerás más amigable y social, sino que también aumentarás tus posibilidades de éxito en la entrevista.

Resumen de *Qué revela tu lenguaje corporal*

- Tu lenguaje corporal revela más de ti de lo que crees.

- Si tu lenguaje corporal no es congruente con tus palabras, las personas prestarán más atención a tu lenguaje corporal de manera instintiva e inconsciente.

- Muchos entrevistadores han estudiado psicología y tienes algunas nociones sobre el lenguaje corporal.

- Las empresas prefieren a los líderes.

- Muéstrate seguro de ti mismo.

- Opta por la humildad en lugar de la arrogancia.

- No muestres miedo.

- No muestres confusión.

- Evita avergonzarte.

- No muestres hostilidad.

- No te pongas a la defensiva.

- No muestres resentimiento.

- Evita cualquier tipo de insinuación sexual.

BIENVENIDO A LA EMPRESA: MÁS DE 200 CONSEJOS PARA ASEGURAR TU CONTRATACIÓN

- Muéstrate como una persona abierta.

- Revisa las listas de signos y características de las actitudes presentadas en este capítulo.

- No exageres ninguna actitud. Cuando trates de adaptar tu actitud, intenta parecer lo más natural posible.

Qué indica el lenguaje corporal de tu entrevistador

En este capítulo explicaré el significado del lenguaje corporal más común que los entrevistadores muestran al momento de la entrevista.

Antes de que te emociones pensando que serás un experto en la lectura del lenguaje corporal y el reconocimiento de las mentiras, quiero dejar muy claro que las pistas que mencionaré no son para que trates de adivinar la decisión del entrevistador.

Antes de hablar sobre el lenguaje corporal que podría mostrar tu entrevistador, quiero dejar muy claro algunos puntos.

En primer lugar, leer el lenguaje corporal puede ser más confuso de lo que crees. Hay que considerar varios factores, como los factores culturales, el momento, la situación y el clima.

Por ejemplo, cuando una persona frota sus manos, su lenguaje corporal indicaría que esta persona está impaciente; pero si esa persona estuviera en un lugar donde hace frío, ese argumento ya no es del todo valido.

Ahora imagina a una persona que está sentada, está agitando sus piernas y está sudando. Su lenguaje corporal indicaría que está nervioso. Y si está siendo entrevistado por la policía, podrías suponer que está nervioso porque fue descubierto haciendo algo ilegal. Pero imagina que la policía lo detuvo por error y lo están incriminando por algo que no hizo. Es normal que se muestre nervioso debido a la incertidumbre, y no porque haya cometido algún delito.

Como ves, la interpretación del lenguaje corporal no solo se trata de saber lo que significa cada gesto, también hay que considerar una serie de factores que incluyen, entre otras cosas, la psicología de la persona. Por lo tanto, no pretendas ser un experto en el lenguaje corporal o podrías cometer una serie de equivocaciones.

Las pistas que te voy a mencionar no son para que seas capaz de revelar mentiras. Más bien son para que te des una idea de lo bien o mal que te estás desenvolviendo en la entrevista. Tampoco te enfoques en el lenguaje corporal de tu entrevistador. Recuerda que eres tú la persona entrevistada, no tu entrevistador; y que tu objetivo principal es obtener un puesto laboral.

Te indicaré cuáles son los signos no verbales más comunes, así como su interpretación teórica.

Estos son los signos no verbales más comunes que los entrevistadores hacen inconscientemente en una entrevista:

Palmas de las manos abiertas y a la vista: Cuando las palmas de las manos están abiertas y a la vista, es una señal de sinceridad. No solo esperes ver eso en tu entrevistador, tú también podrías mantener tus manos a la vista para mejorar tu imagen ante el entrevistador.

Entrelazar los dedos: Cuando una persona entrelaza sus dedos, es una señal de autoridad. Este es un gesto muy común, ya que los entrevistadores saben que son ellos quienes tienen el control.

Frotarse las manos: Esta es una de las señales que delatan la impaciencia. Es posible que tu entrevistador quiera terminar la entrevista lo más pronto posible.

Cruzar las piernas y balancear los pies: Este es un signo de aburrimiento.

Acariciarse la quijada: Significa que está tomando una decisión. Es posible que esté analizando lo que estás diciendo.

Mirar hacia abajo: Esto puede significar dos cosas. Es posible que no crea lo que estás diciendo, pero también puede significar desinterés. De cualquier forma, es un indicador negativo. Aun así, evita ser presa de la desesperación. Es probable que esté observando tu currículum; o también podría estar evaluando algún aspecto de tu imagen, como tus manos, tu portafolio o tus zapatos.

Brazos cruzados: Es un claro indicador de su falta de disposición para escucharte. Es muy probable que no esté interesado en escuchar tu presentación. Para ajustar un poco su actitud, intenta darle la mano o entregarle tu currículum en sus manos; o si crees que es correcto en ese momento, hazle alguna pregunta.

Manos en forma de ojiva: Significa evaluación mental. Posiblemente está evaluando una posible decisión. Es un buen momento para dejarlo pensar.

Contacto ocular: Significa que está escuchando con atención.

Mover lentamente la cabeza de lado a lado sin apartar la mirada de ti: Evaluación negativa. Posiblemente no cree lo que estás diciendo, o no está de acuerdo con lo que dices.

Estos son solo algunos de los muchos indicadores no verbales que podría expresar el entrevistador. Con estas pistas puedes tratar de verificar cómo te desenvuelves en la entrevista. No se trata de que intentes saber si te están mintiendo o si te darán el

BIENVENIDO A LA EMPRESA: MÁS DE 200 CONSEJOS PARA ASEGURAR TU CONTRATACIÓN

puesto o no. Recuerda la posición en la que estás. Te están evaluando a ti. No eres tú la persona que está evaluando.

Estar demasiado concentrado en la lectura del lenguaje corporal de tu entrevistador puede interferir en la forma en la que te desenvuelves en la entrevista. Tampoco trates de clavar tu mirada en el entrevistador para observar su lenguaje corporal. De lo contrario podrías ser percibido como una persona hostil.

Si observas alguna pista que indica alguna evaluación negativa por parte de tu entrevistador, no te desilusiones. En lugar de sentirte como un fracasado, trata de «ajustar» la actitud del entrevistador. Por ejemplo, puedes intentar cambiar un poco el tema, de forma sutil y discreta, por supuesto. Nunca permitas que se produzca un silencio incomodo.

Como te advertí al principio de este capítulo, estas pistas no te hacen un «lector» del lenguaje corporal, tampoco te conviertes en un experto. Úsalas solo como referencia y no permitas que te desvíen de tu objetivo principal, conseguir el puesto laboral.

Resumen de *Qué indica el lenguaje corporal de tu entrevistador*

- Revisa los indicadores no verbales que aparecen en este capítulo.

- Las pistas mencionadas en este capítulo no son para detectar mentiras ni para saber si te darán el puesto.

- Los indicadores no verbales mostrados en este capítulo son únicamente para saber si estás haciendo bien la entrevista.

- Evita olvidar tu objetivo principal: obtener el puesto laboral.

- No claves la mirada en el entrevistador para observar su lenguaje corporal, de lo contrario podrías ser percibido como una persona hostil.

- Si observas alguna evaluación negativa, simplemente improvisa para «ajustar» la evaluación del entrevistador.

- Recuerda que te están evaluando a ti. Por lo tanto, no eres tú quien evalúa al entrevistador.

Construyendo la experiencia

La mayoría de las empresas solicitan candidatos que posean cierto nivel de experiencia laboral. Esto les permite estar un poco más seguros sobre tu futuro desempeño laboral dentro de la empresa.

Desgraciadamente, no siempre se tiene esa experiencia que las empresas buscan. Y por lo general, la experiencia solicitada no es una recomendación sino un requisito.

¿Cómo obtendrás tu primer empleo si te piden experiencia adonde quiera que vayas? Muchas personas trabajan al mismo tiempo que estudian, esa ya es una ventaja para ellos. Sin embargo, muchos otros solo se dedican a estudiar.

Pero ¿qué puedes hacer cuando has obtenido tu título y no tienes experiencia? ¿Estás condenado a buscar empleo sin obtener una respuesta favorable? No precisamente.

Muchas personas realizan prácticas profesionales mientras están estudiando. Y si bien muchas veces se trata de una práctica sin remuneración y no un trabajo como tal, igualmente puede servirte para demostrar experiencia laboral. Las prácticas profesionales son obligatorias en algunas universidades, dependiendo de la carrera o del país donde te encuentres.

Si aún estás estudiando, te recomiendo tomar algunas prácticas profesionales, independientemente de si son obligatorias o no. Te serán de gran ayuda al momento de solicitar tu primer empleo. Incluso conozco a algunas personas que fueron contratadas en la empresa donde prestaron sus prácticas profesionales debido al desempeño que mostraron.

Si ya has concluido tus estudios, tienes dos opciones: solicitar prácticas profesionales sin remuneración en una empresa, o conseguir un trabajo en algún puesto distinto a lo que estudiaste. Se trata de generar experiencia.

Si eliges la segunda opción, ten en cuenta que deberías durar por lo menos un año en ese trabajo, ya que ese es el tiempo en el que las empresas consideran que fuiste un trabajador eficiente.

Si te urge mucho cambiar de empleo, u optaste por prestar prácticas profesionales, lo mínimo que deberías durar en un empleo para ser considerado como un trabajador productivo y responsable son 6 meses. Si renuncias en menos de 6 meses, tus futuros empleadores podrían suponer que no te interesa tu bienestar laboral, ni mucho menos el de la empresa; o que eres una persona demasiado irresponsable y poco enfocada en sus prioridades.

No te desilusiones. Recuerda que el hecho de haber concluido la universidad no te garantiza ningún empleo. Además, por ilógico que pueda parecer para muchas personas, muchos egresados creen que un título universitario les garantizará puesto gerencial en su primer empleo. Y en el mundo real, las cosas no son así.

Te dejo una lista de posibles «primeros empleos» que podrías considerar para construir esa experiencia que solicitan las empresas. Te recomiendo elegir las que más se apeguen a tu profesión.

- Agente de ventas
- Vendedor de *telemarketing*
- Vendedor de seguros
- Personal de tienda departamental

BIENVENIDO A LA EMPRESA: MÁS DE 200 CONSEJOS PARA ASEGURAR TU CONTRATACIÓN

- Asesor en siniestros —agente de seguros de autos—
- Consultora de maquillaje
- Agente de viajes
- Asistente en una agencia de bienes raíces
- Auxiliar contable
- Asistente en un despacho legal
- Cajero bancario
- Personal de un cinema
- Personal administrativo de bajo rango
- Asistente personal
- Guía de turistas
- Promotor turístico
- Personal de centros nocturnos
- Auxiliar de cocina
- Asistente de oficina
- Recepcionista de hotel
- Recepcionista de restaurantes
- Personal de cadenas de comida rápida
- Secretaria

Después de haber leído la lista anterior, es posible que te muestres incrédulo y suspicaz ante esa lista. Es muy probable que pienses que no estudiaste varios años para tener ese tipo de trabajos y que ciertamente, no tienen nada que ver con tu profesión. Pero te diré un secreto. Las empresas no están interesadas en tus puestos anteriores. Lo que realmente les interesa son aquellos logros que obtuviste en aquellas empresas.

Si trabajaste en una empresa de comida rápida y gracias a tu colaboración las ventas subieron un 25 % durante el periodo en que trabajaste ahí, es algo que les interesa a tus futuros empleadores. Si fuiste un agente de ventas y lograste superar a tus compañeros, eso es lo que le interesa a la empresa a la que quieres pertenecer.

En el capítulo donde hablé acerca del currículum hice énfasis en exponer tus logros. A las empresas les interesan tus logros más que tus empleos anteriores. No importa que hayas tenido cien empleos anteriormente, si no tuviste algún logro significativo, de nada les sirve que tengas una larga experiencia laboral.

Sé creativo en tu empleo. Si trabajas en un cinema y no se venden suficientes entradas durante un día específico de la semana, habla con tu gerente y hazle una propuesta que les ayude a aumentar las ventas. Si trabajas en una tienda de ropa, hazle una propuesta a tu gerente acerca de algún tipo de promoción para poder vender los saldos de temporada.

Lo que quiero que entiendas es que las empresas están interesadas en tus logros, no en tus puestos anteriores. ¿Ahora entiendes el porqué de la lista anterior? No solo se trata de un trabajo para cubrir un requisito laboral. Se trata de que tengas la oportunidad de crear logros significativos que impresionen a tus futuros empleadores.

Conoce a la empresa

En varios capítulos he mencionado la importancia de ajustar el currículum al perfil de la empresa. Pero para ajustar el currículum al perfil de una empresa, primero debes saber un poco sobre la misma.

¿Cómo puedes saber el color favorito de una persona si aún no la conoces? Investigando un poco a la persona, por supuesto. Quizá preguntándole a algún amigo en común.

Con las empresas ocurre algo similar. Cuando deseas conocer el perfil de una empresa, lo mejor es investigar un poco sobre la misma.

En la actualidad, obtener información sobre una empresa, e incluso acerca de una persona, es más fácil que nunca. La información está disponible, literalmente, a un clic de distancia. Internet ha hecho que la información sea de fácil y rápido acceso.

Generalmente las empresas tienen un sitio web. Y en la mayoría de esos sitios es posible encontrar un enlace a una sección como *quiénes somos, acerca de nosotros, nuestra empresa, nuestra historia,* o similares.

En cada uno de esos enlaces es posible encontrar no solo información general sobre la empresa, sino también alguna otra información importante como su misión, visión, valores institucionales, filosofía, y demás información general. Toda esa información es muy valiosa. Puede que parezca algo insignificante, pero conocer esa información te dará cierta ventaja.

¿Por qué es importante conocer los valores institucionales de la empresa? ¿Por qué debo conocer la filosofía empresarial? ¿Por qué debo conocer la misión y la visión de esa empresa?

Cuando deseas agradarle a alguien, intentas conocer un poco sobre aquella persona. Intentas conocer sus gustos y disgustos con el fin de «ajustar» un poco tu forma de ser para poder agradarle. Lo mismo ocurre con las empresas. La única diferencia es que, a diferencia de la mayoría de las personas, la información de las empresas está disponible en internet.

En varios capítulos he hablado sobre la importancia de ajustar el currículum al perfil de la empresa. Y cuando conoces a la empresa, ajustar el currículum al perfil de la misma resulta más fácil aún.

Cuando entrevisté a varios empleadores con la finalidad de obtener más información al respecto, la cual fue posteriormente esencial para poder escribir este libro, hice algunas preguntas sobre la importancia de conocer la empresa. Muchos de ellos me dieron respuestas que no esperaba recibir.

Por ejemplo, un empleador de una empresa en Londres me dijo que él tenía una pregunta que siempre incomodaba a los aspirantes y que le permitía sacarlos de su zona de confort para conocerlos mejor.

—¿Cuál es esa pregunta y por qué la hace? —pregunté.

—Cuando un aspirante viene a una entrevista conmigo, por lo general ha practicado un discurso muy convincente. Me presenta sus credenciales y su currículum; y me habla sobre su experiencia laboral. Vienen muy confiados, porque en realidad ya han practicado sus respuestas. Ellos hacen una lista de las posibles preguntas que les haré y de antemano, ya han practicado sus respuestas.

En ese momento, ya entendía por qué hacía aquella pregunta de la que me hablaba. Efectivamente, muchos aspirantes suelen practicar sus respuestas. Es una forma de prepararse mentalmente y de sentirse más seguro durante la entrevista. Incluso hay un capítulo en este libro donde hablaré de ello. Pero lo que realmente me inquietaba era saber cuál era aquella pregunta de la cual jamás había escuchado.

—Entiendo por qué hace aquella pregunta. Pero me gustaría saber ¿cuál es esa pregunta?

—En realidad, pueden ser varias preguntas.

En ese punto, mi curiosidad aumentó aún más.

—De acuerdo. No quiero ser insistente. Pero ¿cuáles son esas preguntas de las que me habla?

—Puedo preguntar ¿quién fue el fundador de la empresa?, ¿quién es el director ejecutivo en este momento?, ¿en qué año se fundó la compañía? o simplemente puedo preguntar acerca de la historia de la compañía.

No esperaba recibir aquella respuesta. Honestamente nunca se me había ocurrido algo parecido. Definitivamente, si a mí me hubiesen hecho esas preguntas cuando fui un aspirante, no hubiese sabido qué responder. Y para ser honestos, creo que puede llegar a ser muy vergonzoso decir «no lo sé» en una entrevista de trabajo.

Cuando terminé la videoentrevista con aquel empleador, pensé que tal vez él era una persona demasiado excéntrica y que tal vez esa era la razón de sus singulares preguntas. Pero un par de videoentrevistas más, me dieron otra perspectiva.

A la mañana siguiente, después de haber entrevistado a tres empleadores el día anterior, recibí un correo de una mujer de Montreal. Era la directora de una de las consultoras en recursos humanos más solicitadas en Quebec. Había aceptado a concederme una entrevista vía *Skype*, por medio de mensajes de texto. Aparentemente ella era capaz de leer, escribir y hablar en inglés, pero no era muy buena cuando se trataba de escuchar y, en sus palabras, era incapaz de deshacerse de su fuerte acento francés, así que prefería realizar la entrevista por medio de mensajes textuales.

A las doce del mediodía, hora de Quebec, me conecté a *Skype* para poder entrevistarla. Después de varias preguntas, decidí hablarle acerca de la entrevista que había tenido el día anterior con aquel empleador de Londres. Su respuesta no me sorprendió demasiado, aunque para ser honesto, esperaba que compartiera el mismo punto de vista que yo tenía.

—Eso es más común de lo que crees —dijo—. Muchos empleadores hacen preguntas abstractas sobre la empresa, sus fundadores, su director ejecutivo actual, o simplemente pueden preguntar a los aspirantes cómo es la relación que tienen con sus amigos y familiares.

—¿En serio?

—Sí. De esa manera los empleadores pueden sacar a los aspirantes de su zona de confort. Verás, cuando una persona va en busca de un empleo, es común que practiquen sus respuestas y por lo tanto, ellos se sienten confiados y actúan de una manera que no es natural en ellos. Cuando escuchan una pregunta que no habían considerado, por ejemplo, sobre el fundador de la compañía, ellos salen inmediatamente de su zona de confort y comienzan a revelar su verdadera personalidad.

Su respuesta era muy parecida a la de aquel empleador de Londres. Alguien me había dicho algo en algún punto del planeta, y del otro lado del mundo alguien me lo había confirmado.

Ese mismo día llamé al director de recursos humanos de una empresa de alimentos en Chile. Él me confirmó, una vez más, que varios empleadores utilizan esa técnica.

BIENVENIDO A LA EMPRESA: MÁS DE 200 CONSEJOS PARA ASEGURAR TU CONTRATACIÓN

Tres personas de diferentes países me habían dado una respuesta similar. Eso me hizo considerar que no se trataba de algo cultural, ni mucho menos de una sola persona. Además, tanto en Chile como en Canadá, me habían comentado que varios empleadores de su país hacían lo mismo.

Resumido en pocas palabras, el consejo es simple, conoce a la empresa. No es necesario que conozcas todo acerca de la empresa, pero sería de gran ayuda tomarte un poco de tiempo para investigar la misión, la visión, los valores institucionales y la filosofía empresarial.

Estos datos te permitirán conocer la personalidad de la empresa. Y con esa información podrás ajustar tu currículum al perfil de la misma. También sería buena idea aprender algo más sobre la empresa, como su historia, la fecha de su fundación, el nombre del fundador y el director ejecutivo actual. Toda esa información te podría evitar cualquier trago amargo en tu entrevista.

Si en la entrevista te llegasen a preguntar algo como el año de fundación de la empresa y tú respondieras adecuadamente, no solo te mantendrás más confiado durante tu entrevista. Sino que también le demostrarás al empleador que realmente te interesa trabajar en esa empresa y por lo tanto, tus intenciones de obtener el empleo van más allá de tus necesidades económicas.

Aunque siendo honestos, es probable que el salario sea tu única motivación.

Resumen de *Conoce a la empresa*

- Para ajustar tu currículum al perfil de la empresa, primero tienes que conocerla.

- Las páginas web de las empresas casi siempre ofrecen información general que podría ser útil. Para ello, busca vínculos como *Quiénes somos, Acerca de nosotros, Sobre nosotros,* o títulos similares.

- Recuerda revisar la misión, la visión, los valores institucionales y la filosofía de la empresa.

- Es recomendable investigar un poco sobre la historia de la empresa, así como el año de su fundación, el nombre del fundador y el director ejecutivo actual. Es poco probable que te lo pregunten durante la entrevista, pero aun así, la probabilidad existe.

Cómo vestir para que te contraten

Ya hemos hablado sobre la imagen y cómo esta afecta la forma en la que los demás te perciben. Ya conoces y puedes diferenciar la imagen real, la imagen aparente y la imagen ideal. Si aún no eres capaz de distinguir la diferencia entre los tres tipos de imagen, te recomiendo regresar y leer el capítulo que habla sobre la imagen personal.

Recuerda que la imagen que proyectas interfiere en la decisión del empleador en más del 60 %. En realidad, un buen currículum puede quedar totalmente opacado ante la mala imagen de un aspirante. Los empleadores —y todas las personas que conozcas— te juzgarán en función de cómo te ves. Por lo tanto, deberías comenzar a prestar atención a tu imagen personal.

Es posible que ya seas capaz de saber si tu imagen es favorable o no. Pero si te has dado cuenta de que tu imagen no es la más favorable para ti, es posible que te estés preguntando, ¿qué tipo de ropa debo vestir para tener una mejor imagen? Y más importante aún, ¿qué me pongo para que me contraten?

La respuesta a la última pregunta es tan diversa como las profesiones mismas. Por supuesto, un doctor no va a vestir igual que un contador; y un contador no vestirá de la misma forma en que lo haría un chef.

Sería muy difícil decirle a cada aspirante cómo vestir adecuadamente de acuerdo con su profesión, para ello necesitaría escribir todo un libro especializado sobre el tema. Pero los consejos que mencionaré aquí le pueden servir a cualquiera, sin importar qué profesión ejerza.

En este capítulo explicaré algunos puntos a tener en cuenta al momento de considerar tu vestimenta, independientemente de tu profesión. Explicaré los errores más comunes a la hora de vestir, tanto en hombres como en mujeres; así como algunos consejos para mejorar tu apariencia.

Decidí comenzar hablando sobre los errores más comunes en la vestimenta para que comiences a hacer una evaluación sobre la manera en la que vistes —o has pensado vestir— en tus entrevistas.

Considero que tu tiempo es muy valioso como para desperdiciarlo. Por ello hablaré acerca de los errores y consejos de vestimenta de hombres y mujeres por separado. De esta manera, podrás leer únicamente los consejos referentes a tu genero y evitar aquellos consejos que no te servirán en absoluto.

Errores más comunes en mujeres

Las mujeres son, en la mayoría de los casos, fanáticas de las compras. Les encanta comprar ropa, joyas, zapatos y accesorios. Por esa razón los diseñadores de moda y calzado parecen estar más enfocados en el público femenino. La variedad de calzado y prendas femeninas supera por mucho a la oferta masculina.

Se puede encontrar una gran diversidad de prendas, zapatos, joyas y bolsos en las tiendas. Algunos de esos artículos son muy discretos, mientras que en otros casos, decir que algunos de esos artículos caen en la definición de excentricidad, es quedarnos cortos.

Los gustos en vestimenta varían de mujer a mujer. Algunas mujeres aciertan y otras, hay que aceptarlo, están muy lejos de la elegancia.

BIENVENIDO A LA EMPRESA: MÁS DE 200 CONSEJOS PARA ASEGURAR TU CONTRATACIÓN

Independientemente de tu sentido de la moda y de las opiniones de tus amigos y familiares, es posible que cometas varios errores de vestimenta a la hora de acudir a una entrevista laboral.

Estos son los errores más comunes de vestimenta cometidos por mujeres:

Faldas demasiado cortas: Cuando decimos que la imagen es importante para obtener un empleo, muchas mujeres piensan, erróneamente, que tienen que verse sensuales para convencer al empleador, que por lo general es hombre. Este es uno de los principales errores de las mujeres.

Recuerda que te están evaluando y que cada aspecto cuenta. ¿Recuerdas lo que hemos hablado sobre las insinuaciones sexuales y de cómo estas afectan tus posibilidades de obtener el puesto que buscas? Pues bien, las faldas cortas podrían encajar en la definición de «insinuación sexual». Se trata de verte discreta, elegante y competente. Si piensas llevar falda corta a tu entrevista de trabajo, solo recuerda esos clichés acerca de las mujeres sensuales. No es nada recomendable.

Aretes y joyería demasiado grandes: Los aretes y la joyería en general, son algunos de los accesorios más utilizados por las mujeres. Prohibirlos sería como el fin del mundo para muchas de ellas. Sin embargo, los aretes demasiado grandes, así como muchas otras piezas de joyería, pueden resultar perjudiciales en algunas ocasiones.

Cuando se utilizan aretes demasiado grandes se crea una especie de contaminación visual. Las mujeres con caras alargadas se verán algo «saturadas»; mientras que las mujeres con rostros redondos y anchos crearán la ilusión de un rostro aún más grande y redondo. Los aretes nunca deberían ser grandes. La idea es conseguir un empleo, no presumir tus accesorios.

Lo mismo ocurre con el resto de la joyería. Si utilizas un brazalete o un collar muy grande, la imagen que proyectas no es nada profesional.

Imagina por un momento a una ejecutiva de alto rango. Imagínala con su traje ejecutivo, sus zapatos negros de tacones altos; imagínala rubia o morena, puedes incluso añadirle unas gafas. ¿La imaginas con joyería grande y ostentosa? Seguro que no. Ahora trata de imaginarla con aretes grandes, un brazalete grande y un collar muy ostentoso. Ya no inspira mucha confianza y profesionalismo, ¿verdad?

Pronto hablaré sobre las mejores opciones a la hora de vestir para asistir a una entrevista de trabajo, pero me gustaría dejar algo en claro. Si deseas utilizar joyería durante la entrevista de trabajo, lo mejor es seguir el principal mandamiento del minimalismo, *menos es más... Y más es menos*.

Sandalias, zapatos abiertos y zapatillas deportivas: Los zapatos son quizá los accesorios favoritos de las mujeres. Para las mujeres, más que una necesidad, son una forma de mostrar lujo y *glamour* en todo momento. Muchas mujeres invierten más dinero en zapatos que en ropa y accesorios.

Tu colección de zapatos puede ser la mejor del mundo para ti, pero como todo lo demás, existen ocasiones donde es mejor optar por otras piezas y no arriesgarse con gustos personales.

Creo que no hace falta explicar por qué están prohibidas las zapatillas deportivas. Aunque son muy prácticas y cómodas, resultan antiestéticas e informales. Si acudes a tu entrevista de trabajo con zapatillas deportivas, a menos que hayas llevado algún título de alguna universidad prestigiosa como Harvard y seas una eminencia en tu profesión, con una gran y reconocida trayectoria, es mejor que comiences a olvidar ese puesto de trabajo.

Los zapatos abiertos tampoco son una buena opción. No lucen profesionales. Además, hay algo que debes tener en cuenta. Muchos empleadores se fijarán en dos cosas cuando te observen por primera vez: las manos y los pies. Teniendo eso en cuenta, dudo mucho que desees mostrar las imperfecciones de tus pies durante tu primera impresión.

Hace algunos años se popularizaron unos zuecos de plástico en colores vistosos. Son muy cómodos, es cierto. Pero definitivamente te restarán credibilidad adonde quiera que vayas. No hace falta explicar por qué.

Tampoco hace falta explicar por qué las sandalias están prohibidas. Vas a una entrevista de trabajo, no a una playa ni a un paseo vespertino. Te están evaluando, no estás descansando ni socializando.

Imagina de nuevo a la mujer ejecutiva que imaginaste en el punto anterior. Imagínatela con su elegante traje ejecutivo. Ahora imagina una versión similar a lado de ella, podría ser una hermana gemela. Pero esta otra versión viste con un par de zapatillas deportivas, zapatos abiertos, o con un par de sandalias. ¿Cuál de las dos consideras que luce más profesional y confiable? Creo que la respuesta es demasiado obvia.

Estampados vistosos: Los diseños primaverales están casi siempre llenos de vistosos estampados que será mejor evitar. En la actualidad, la elegancia es sinónima del minimalismo. Y los estampados vistosos, ciertamente no son nada elegantes.

Colores de larga longitud de onda: No voy a explicar la teoría del color a profundidad. Solo me limitaré a explicar que los colores de larga longitud de onda de luz, que vendrían siendo el rojo, el rosa y el naranja, así como sus respectivas tonalidades —excluyendo los tonos pasteles—, son una mala opción cuando vas a una entrevista de trabajo. Son demasiado intensos y no corresponden a los cánones de la elegancia.

El color rojo suele ser interpretado culturalmente como sinónimo de poder, deseo, lujuria e insinuación sexual; lo que convierte al color rojo en la mejor opción si quieres conocer a alguien. Pero no es una buena opción cuando buscas obtener un puesto laboral. Y si bien es cierto que el rojo, en la gran mayoría de las culturas, indica fuerza y poder, lo que lo convierte en un color ideal para demostrar cierta posición, no es un color adecuado en la vestimenta de cualquier aspirante de sexo femenino.

El color rojo es el color con mayor longitud de onda de luz, lo que hace que sea intensamente perceptible. Esto podría hacerte parecer más llamativa y con más poder, así que es un buen color para vestir cuando deseas encontrar pareja, solicitar una promoción o pedir un aumento, pero no lo es tanto cuando intentas obtener un puesto laboral. Cuando buscas un puesto laboral, es mejor optar por colores que te hagan parecer más profesional y un tanto más discreta.

Sin embargo, en caso de que tengas que acudir a una entrevista laboral grupal, un toque de rojo podría darte una mayor ventaja. Ya que al ser notada con más frecuencia, podrías tener una mayor ventaja sobre los demás.

El color rosa por otro lado, te restará credibilidad. Una vez más, se trata de estereotipos culturales. Cuando vas vestida de rosa, tienes esa imagen de «niña mimada», algo que no resulta nada favorable a la hora de solicitar un puesto laboral.

BIENVENIDO A LA EMPRESA: MÁS DE 200 CONSEJOS PARA ASEGURAR TU CONTRATACIÓN

Además, culturalmente se asocia al color rosa con la falta de valor y poder, así como con la falta de madurez.

Cuando se trata del color naranja, la respuesta negativa es similar. El color naranja está entre el rango del rojo y el amarillo. Se trata de un color cálido y muy pesado para la vista.

¿Haz notado que muchos restaurantes de comida rápida son de color naranja en su interior? Esto es para estimular tu apetito y tus deseos de salir del restaurante tan pronto como termines de comer.

El color naranja causa ese efecto fisiológico. Por lo tanto, cuando vistes de naranja en una entrevista de trabajo, en realidad podrías estar causando una sensación de pesadez en el empleador, creando una sensación de hambre y ansias de terminar la entrevista, lo cual es algo muy negativo para cualquier aspirante.

Jeans: Los *jeans* son prendas muy resistentes pero poco elegantes. Existen además muchos estereotipos alrededor de tan versátiles prendas, lo que hace que sean aún menos elegantes.

Al ser muy cómodos y versátiles, muchas aspirantes utilizan *jeans* cuando van a una entrevista laboral; y olvidan que el éxito para obtener algún puesto laboral depende de la imagen hasta en más de un 80 %.

Escote muy pronunciado: En capítulos anteriores hemos hablado sobre la importancia de la discreción, así como la importancia de evitar cualquier posible muestra de insinuación sexual. Un escote pronunciado es siempre un sinónimo de insinuación sexual, además de restar elegancia y sofisticación al conjunto que vistas. Mejor evitar cualquier riesgo innecesario.

Las mejores opciones de vestimenta para mujeres

Hasta el momento te he mencionado cuáles son los errores más comunes en cuanto a la vestimenta de las mujeres a la hora de acudir a una entrevista de trabajo. En esta sección hablaré sobre las mejores opciones de vestimenta para tener éxito en tu entrevista laboral.

Estos consejos pueden ser utilizados en todas las profesiones por igual, pero son más adecuados para ejecutivos, administradores, profesionales de mercadotecnia y relaciones públicas, contadores, abogados, publicistas, representantes o agentes de talento, gerentes... prácticamente cualquier profesión económica o legal.

Estas son las mejores opciones de vestimenta para mujeres:

Blusa de manga larga: Las blusas de manga larga son sinónimos de elegancia y profesionalismo. Estilizan la silueta y en ocasiones, te hacen parecer un poco más alta y delgada; lo que se traduce en una imagen de elegancia, seguridad y poder.

Hay incluso una motivación psicológica para utilizar una blusa de manga larga. Al utilizar una blusa de manga larga, es normal que te sientas un poco más confiada. Puede que incluso te veas y te sientas más atractiva; eso elevará tu nivel de confianza y te permitirá sentirte más cómoda durante tu entrevista de trabajo.

Color de la blusa: El color de la blusa que vistas durante tu entrevista es otro factor importante. Puedes utilizar una blusa de color blanco u optar por algún tono pastel, siendo el azul celeste la mejor opción debido a que tendemos a relacionar el color azul con la limpieza, la sinceridad y la serenidad.

En los puntos anteriores hablé acerca del porqué deberías evitar los colores rojos, rosas y naranjas, pero cuando se trata de las tonalidades pasteles, podrías hacer una excepción con el color rosa, siempre que sea un tono discreto y que sea fácil de combinar. Los tonos naranjas no deberían ser una opción, aunque se trate de tonos pasteles, ya que no combinan con facilidad con otras prendas necesarias para causar una buena impresión en la entrevista.

De igual forma, como ya he mencionado, si tuvieras que asistir a una entrevista grupal podrías aumentar tu visibilidad y tus oportunidades de ser tomada en cuenta vistiendo alguna prenda que aporte algo de color rojo. Así, debido a que el color rojo es el color que posee la mayor longitud de onda de luz, podrás destacar de entre los demás miembros del grupo. En este caso, la combinación blanco y rojo es una opción ganadora; ambos colores se combinan a la perfección, comunicando la pureza, elegancia y limpieza del color blanco con el poder del color rojo. Solo asegúrate de que el blanco sea el color dominante.

Faldas y vestidos en largo mediano: Si decides utilizar una falda o un vestido para acudir a tu entrevista de trabajo, lo ideal es que sea de un largo mediano. Este tipo de faldas son muy discretas y lucen más profesionales.

¿En qué color? Bien, el color negro o azul marino son las mejores apuestas. Son fáciles de combinar, muy versátiles y además estilizan la figura.

Medias: Las medias son el complemento ideal si decides utilizar una falda. Aportan elegancia y ayudan a estilizar un poco la figura. Además, ayudan a disimular imperfecciones en las piernas, tales como varices, estrías o celulitis.

Pantalones: Si tu figura te lo permite, puedes utilizar pantalones de vestir en color negro o azul marino. Esta recomendación depende de ti. No todas las mujeres tienen el mismo cuerpo ni la misma estatura. Utiliza pantalones únicamente si consideras que te ves bien en ellos.

Si eres afortunada y te ves bien tanto con pantalón o con falda por igual, utiliza la prenda que te haga parecer más alta. Los humanos, al igual que muchos otros animales, tendemos a relacionar la estatura como un sinónimo de liderazgo, competitividad, poder y autoridad.

Saco negro o azul marino: Puedes agregar un toque extra de profesionalismo y elegancia a tu vestuario con un saco en color negro o azul marino; sobre todo si estás buscando algún puesto ejecutivo en una empresa o como abogada.

Algunos estudios han demostrado que al vestir de saco aumentas tu credibilidad ante las personas que te rodean. Tal vez esa sea la razón por la que todos los ejecutivos de alto rango utilizan saco.

Opta por las perlas: Cuando se trata de crear una buena primera impresión, la joyería se convierte en un campo minado. El oro es elegante para algunas personas, pero muy antiestético y pretencioso para otras. Los diamantes son hermosos, pero muy pretenciosos; y podrían hacerte ver como alguien demasiado arrogante.

Las perlas, por otro lado, son la mejor opción cuando se trata de joyería. Son discretas, versátiles y combinan muy bien con cualquier tono de piel.

Las perlas suelen complementarse a la perfección con un saco en color negro o azul marino.

Opta por aretes de perla que sean discretos, o si lo prefieres, un collar de perlas. Lo importante es que recuerdes que no deberías abusar de la joyería, aunque se trate de perlas. Sigue la regla más importante del minimalismo, *menos es más*. Tres accesorios serían lo máximo permitido. Los aretes cuentan como un accesorio, un collar es otro y un anillo o un reloj sería el tercero. No se permite ningún otro accesorio más.

Tacones altos: Ya hemos hablado sobre la estatura y de cómo esta afecta la forma en la que nos perciben los demás. Las mujeres tienen una gran ventaja que los hombres no tienen, pueden utilizar zapatos de tacón alto.

Los zapatos de tacón alto pueden proporcionarte, aparentemente, varios centímetros más de estatura. Los tacones demasiado altos no son una buena opción, ya que podrían alterar demasiado tu forma de caminar, e incluso causarte algún accidente.

Los mejores resultados los obtienes con tacones de diez centímetros, aproximadamente. No utilices zapatos con tacones de más de quince centímetros.

Además de hacerte parecer más alta, existe un truco psicológico detrás del uso de tacones altos. Cuando utilizas tacones altos, todo el peso de tu cuerpo recae en la punta de los pies, eso hace que tu cuerpo adopte una postura alineada, aunque no seas consciente de ello. Al adoptar una mejor postura, no solo serás percibida como una persona más confiada, sino que tú también te sentirás de esa manera debido a la relación que existe entre tu postura y la manera en la que te sientes al adoptar una postura.

Perfume: Si te gusta utilizar perfume, opta por los aromas frescos. Solo recuerda no abusar de él. Considera el perfume como un accesorio y no como un artículo de aseo personal.

Maquillaje: El maquillaje debería ser considerado como un accesorio y no como un ritual de belleza. Con lo anterior en mente, el día de tu entrevista deberías optar por un maquillaje discreto y de aspecto natural. Se trata de disimular las imperfecciones faciales, no de cubrir la cara con colores.

Errores más comunes en hombres

La mayoría de los hombres suelen tener un guardarropa más limitado que las mujeres. Parece que los hombres tenemos gustos más simples que las mujeres. Pero desgraciadamente, muchas veces nuestro sentido de la moda es aún menos acertado.

A diferencia de las mujeres, que parecen obsesionarse con su apariencia en todo momento, los hombres somos menos conscientes de nuestra apariencia a lo largo del día. Nos aseguramos de vernos bien cuando salimos de casa, pero realmente no nos preocupamos por nuestra imagen a lo largo del día. Más importante aún, los hombres, por lo general, solo nos preocupamos por afeitarnos el rostro, el peinado y eso es todo.

Generalmente no prestamos atención a nuestro estilo de vestir, o por lo menos no en la forma en la que deberíamos. No solemos preocuparnos por la combinación de colores o de zapatos. Es más, en la mayoría de los casos únicamente prestamos atención a la camisa o camiseta, total que un par de *jeans* van bien con todo.

Cuando vamos a una entrevista de trabajo, las cosas son un poco más complicadas. Nos están evaluando en cada momento. Y nuestra vestimenta es uno de los puntos en los que más énfasis se hace al momento de nuestra evaluación. La vestimenta corresponde a más del 60 % de nuestra imagen personal. Y por

BIENVENIDO A LA EMPRESA: MÁS DE 200 CONSEJOS PARA ASEGURAR TU CONTRATACIÓN

esta razón deberíamos prestar más atención en las prendas que utilizamos cuando acudimos a una entrevista laboral.

Para no alargar más la espera, estos son los errores de vestimenta más comunes en los hombres:

Camisas de manga corta: Muchas personas piensan que las camisas de manga corta son una buena opción, pero no es así. Las camisas de manga corta no son elegantes ni tampoco formales. Son ideales para mantener el estilo en verano, pero no son una buena opción cuando quieres mostrarte como la mejor opción para cubrir un puesto laboral.

Las camisas de manga corta no te harán parecer demasiado informal como las camisetas, pero tampoco te aportarán formalidad ni profesionalismo. Es mejor evitarlas.

Camisetas: Creo que no hace falta decir por qué no son una buena opción. Son informales, no aportan elegancia ni profesionalismo y ante los ojos de cualquier reclutador, te hacen ver como alguien inmaduro. Algunos de los diseños son, no solo informales, sino también antiestéticos, sobre todo las camisetas deportivas.

Acudir a una entrevista de trabajo con una camiseta deportiva, no solo es informal, sino también una perdida de tiempo.

A nadie le importa cuál es tu equipo favorito ni tu afición por el fútbol, o por cualquier otro deporte que te guste. Eso no le interesa a nadie en lo más mínimo; y mucho menos a ningún empleador. Los empleadores buscan personas profesionales y con deseos de superación, no a un aficionado de algún equipo deportivo.

Aunque no lo creas, he conocido a más de una persona que ha ido a una entrevista de trabajo vistiendo una camiseta de algún equipo de fútbol. Está de más decir que no obtuvieron el puesto de trabajo. ¿Será que su vestimenta tuvo algo que ver? Supongo que la respuesta es más que obvia.

Si tu intención es hacer el ridículo por un momento, incomodar a las personas a tu alrededor y recibir miradas poco amistosas, te recomiendo ponerte la camiseta de tu equipo favorito, acudir al estadio y sentarte en las gradas del equipo contrario. De esa manera, por lo menos no le harás perder el tiempo a ningún empleador.

Camisetas polo: Las camisetas estilo polo son una muy buena opción para una comida al aire libre o para disfrutar el verano con cierto toque de elegancia, pero al igual que las camisas de manga corta, no son una buena opción para acudir a tu entrevista laboral. Mejor evitarlas.

Colores de larga longitud de onda: No voy a explicar la teoría del color a profundidad. Únicamente me limitaré a explicar que los colores de larga longitud de onda, que vendrían siendo el rojo, el rosa y el naranja, así como todas sus tonalidades, son una mala opción cuando vas a una entrevista de trabajo. Son demasiado intensos y no corresponden a los cánones de la elegancia. Y a diferencia de las mujeres, quienes pueden hacer excepciones con sus respectivos tonos pasteles, en el caso de los hombres, también deberíamos abstenernos de usarlos durante una entrevista laboral.

El color rosa por otro lado, está ligado a lo femenino. Una vez más, se trata de estereotipos culturales. El rosa es un color muy adecuado para una cita. Aparentemente las mujeres ven a los hombres que visten de rosa como hombres más sensibles, cariñosos y tiernos. Eso convierte al color rosa en una buena opción para salir en una primera cita, pero no para una entrevista

BIENVENIDO A LA EMPRESA: MÁS DE 200 CONSEJOS PARA ASEGURAR TU CONTRATACIÓN

laboral. Además, el color rosa está culturalmente asociado con la falta de valor y poder, así como con la falta de madurez.

¿Qué tiene de malo el naranja? El color naranja está entre el rango del rojo y el amarillo. Se trata de un color cálido y muy pesado para la vista.

¿Haz notado que muchos restaurantes de comida rápida son de color naranja en su interior? Esto es para estimular tu apetito y tus deseos de salir del restaurante tan pronto como termines de comer.

El color naranja causa ese efecto fisiológico. Por lo tanto, cuando vistes de naranja en una entrevista de trabajo, en realidad podrías estar causando una sensación de pesadez en el empleador, creando una sensación de hambre y ansias por terminar la entrevista, lo que podría ser muy negativo para ti.

Hay una pequeña paradoja en cuanto el color rojo. ¿Haz notado que todas las señales de alto son rojas, en cualquier país del mundo? Esto es porque el color rojo es muy llamativo. Es de hecho, el color con la mayor longitud de onda de luz. Y en realidad, vestir de color rojo puede ser muy benéfico en muchas ocasiones. Vestir de color rojo te hará parecer más seguro, más poderoso e inclusive, más atractivo sexualmente. Es un color ideal para vestir si quisieras conseguir una promoción o un aumento salarial, pero hay que tener precaución al momento de vestirlo durante una entrevista laboral.

A diferencia de las mujeres, en cuyo caso es mejor evitar vestir de rojo durante una entrevista laboral —debido a que el color rojo está culturalmente ligado al deseo sexual—, los aspirantes masculinos pueden hacer una pequeña excepción y utilizar el color rojo a su favor. Hablaré de ello más adelante.

Jeans: Son tal vez los favoritos de la mayoría de los hombres. Son muy versátiles, combinan con cualquier camisa o camiseta, son muy durables, nos dan un aspecto rudo y masculino, combinan bien con cualquier clase de zapatos, y los podemos encontrar en una gran variedad de estilos.

A pesar de todas sus ventajas, no son la mejor opción para una entrevista laboral, ya que carecen de elegancia y son demasiado informales. Muchas empresas incluso prohíben el uso de *jeans* entre sus empleados durante la jornada laboral. Mejor evitarlos para no correr riesgos.

Zapatillas deportivas: Creo que no hace falta decir el porqué, pero aunque no lo creas, al igual que con las camisetas deportivas, he conocido a varias personas que han usado zapatillas deportivas durante una entrevista laboral.

Las zapatillas deportivas, al igual que los *jeans*, son bastante cómodas y versátiles, pero no son la mejor opción cuando queremos crear una buena primera impresión.

Una de las cosas que los empleadores —y la mayoría de las personas— observan cuando conocen a alguien por primera vez son los zapatos. Supuestamente, de esta manera se puede conocer mejor a la persona, o por lo menos su poder adquisitivo y su preocupación por su apariencia. La recomendación es simple: evita las zapatillas deportivas.

Chaquetas de cuero: Las chaquetas de cuero son utilizadas por los motociclistas para evitar raspones y rozaduras graves cuando ocurre un accidente. Pero la industria del entretenimiento nos vendió la imagen del chico rudo en motocicleta que siempre conquistaba a la chica; siempre vistiendo una chaqueta de cuero. Esa imagen hizo que muchos hombres

BIENVENIDO A LA EMPRESA: MÁS DE 200 CONSEJOS PARA ASEGURAR TU CONTRATACIÓN

consideren las chaquetas de cuero como una forma de parecer rudos e interesantes.

En capítulos anteriores hablamos sobre la imagen aparente. Y si bien una chaqueta de cuero puede hacerte ver como un hombre rudo e interesante, también genera otra imagen aparente: la de una persona agresiva y posiblemente violenta.

Si deseas conseguir un puesto laboral en una empresa, lo último que quieres es ser percibido como una persona violenta o peor aún, como un delincuente. La recomendación es sencilla, evita las chaquetas de cuero.

Traje de chaqueta sin corbata: Un error muy común a la hora de vestir un traje de chaqueta es olvidar —o decidir no usar— la corbata. Cuando se usa un traje de chaqueta sin utilizar una corbata, mayoría de las personas, incluidos los empleadores, suelen percibir el atuendo como incompleto. Esto puede repercutir negativamente en la percepción que el empleador tenga de ti.

En primer lugar, si vestimos de manera «incompleta», nuestro empleador puede percibir que somos incapaces de concluir ciertas tareas y que por lo tanto, nuestro desempeño dentro de la empresa dejará mucho que desear. Además, recuerda que la primera impresión es decisiva para obtener o no el empleo.

Calcetines blancos: Los calcetines blancos son una buena opción cuando optamos por vestir prendas deportivas, pero no lo son cuando queremos parecer elegantes y profesionales. Resultan demasiado antiestéticos cuando se utilizan con pantalones de vestir, sobre todo cuando se combinan con pantalones de color negro, azul marino, gris, café o *beige*.

Joyería: Algunos hombres acostumbran a utilizar joyería pensando que de esa manera son capaces de demostrar un mejor poder adquisitivo y de esa manera, aparentar estar en una mejor posición social.

Si bien es cierto que ciertos metales como el oro y la plata son muy codiciados por su escasez, también es cierto que resultan muy antiestéticos para algunas personas. Y ciertamente, la joyería en los hombres carece de elegancia.

En pocas palabras, no uses joyas el día de tu entrevista. La única excepción sería el anillo de matrimonio, si es que estás casado. Nada de esclavas, cadenas, ni anillo de graduación.

Las mejores opciones de vestimenta para hombres

Hasta el momento te he mencionado cuáles son los errores más comunes de vestimenta en los hombres a la hora de vestir para una entrevista de trabajo. En esta sección hablaré sobre las mejores opciones de vestimenta para tener éxito en tu entrevista laboral.

Estos consejos pueden ser utilizados en todas las profesiones, pero son más adecuados para ejecutivos, administradores, profesionales de mercadotecnia y relaciones públicas, contadores, abogados, publicistas, representantes o agentes de talento, gerentes... prácticamente cualquier profesión económica o legal.

Estas son las mejores opciones de vestimenta para hombres:

Camisa de manga larga: Las camisas de manga larga son la mejor opción que podemos elegir cuando intentamos vestir de manera elegante y definitivamente, también lo son para vestir en una entrevista de trabajo.

La camisa de manga larga envía un mensaje de profesionalismo, educación, elegancia y responsabilidad; cualidades que busca cualquier empleador.

Color de la camisa: Aunque las camisas de manga larga son una apuesta segura en tu vestimenta, existen dos tonos que pueden hacerte ver como un candidato más atractivo, el azul y el blanco.

En la cultura occidental, el color azul comunica elegancia, profesionalismo y sinceridad. Esta es la razón por la cual algunos abogados sugieren a sus clientes vestir con una camisa azul o bien, utilizar una corbata azul durante el juicio. De esta manera, podrían persuadir al jurado y así evitar una posible condena, o por lo menos, una reducción de la misma.

Existe un truco científico detrás de este color. El color azul crea una reacción química en el cerebro que nos relaja y nos pone de buen humor. Eso explicaría por qué nos sentimos de mejor humor en un día soleado y con cielos despejados, mientras que nos sentimos menos alegres y posiblemente deprimidos durante los días de lluvia. Y cuando vistes de color azul, especialmente de azul celeste, las personas pueden experimentar cierta relajación ante tu presencia.

Personalmente me he dado cuenta de que recibo un mejor trato de las personas cuando visto camisas de color azul, supongo que se debe a aquella reacción química en el cerebro de la que hablan los neurocientíficos.

El color blanco, por otro lado, es ampliamente utilizado en el mundo empresarial. Comunica elegancia, profesionalismo y eficiencia. Se trata de un clásico que por su versatilidad, nunca pasa de moda.

Traje: Un traje es definitivamente la pieza más elegante que puede existir en el guardarropa de cualquier hombre. Un buen traje no solo te hará parecer más elegante, sino que también, aunque no lo creas, te dará un poco más de respeto.

Muchos hombres dicen que se sienten más seguros cuando visten de traje. Pero no se dan cuenta de que su lenguaje corporal, en especial su postura, cambia cuando usan un traje. El cambio en el lenguaje corporal es lo que hace que se sientan más seguros y confiados, al mismo tiempo que son percibidos como personas más seguras y por lo tanto, las personas a su alrededor les tratan mejor.

Color del traje: A pesar de que el traje pareciera ser una opción libre de fallas, hay que tomar ciertas precauciones, sobre todo con el color.

Para una entrevista de trabajo existen tres colores recomendables: azul marino, gris y negro.

El traje de color azul marino es una opción muy actual. No es muy serio, pero tampoco muy atrevido. Cuando hablamos de un traje de color azul marino, en realidad nos referimos a un traje de color azul marino oscuro. Hay algunos trajes en un color azul marino un poco más claros, los cuales es preferible evitar. El color azul marino es la mejor opción para hombres con un tono de piel claro.

El traje en color gris parece ser muy demandado en la actualidad. Luce actual, fresco y aporta un toque juvenil, al mismo tiempo que parece sobrio y discreto. De los tres colores anteriormente mencionados, es la mejor opción para los hombres de piel aceitunada u oscura.

El traje negro es un clásico que no pasa de moda. Y aunque en la actualidad muchas personas lo encuentran un tanto anticuado y aburrido, el traje negro sigue siendo una buena opción. Va bien con cualquier tono de piel, acentúa las pieles claras y suaviza las pieles oscuras. Además, combina perfectamente con cualquier color de camisa.

Corbatas discretas: Te recomiendo utilizar corbatas discretas, ya sean de un color sólido o con diseños muy discretos. Evita los diseños saturados. Querrás que te vean a ti, no que se fijen únicamente en tu corbata. Tu rostro debe ser recordable para que resultes más familiar en el futuro y puedas asegurar un puesto dentro de la empresa.

¿Recuerdas que mencioné que los hombres pueden utilizar el color rojo a su favor en una entrevista laboral? El color rojo es interpretado en todo el mundo como sinónimo de fuerza y poder. Por esta razón, vestir discretamente el color rojo en una entrevista laboral, mediante una corbata, por ejemplo, puede aumentar tus posibilidades de parecer más seguro y poderoso.

Las corbatas rojas combinan a la perfección con camisas de color claro. Si eres observador, te darás cuenta de que muchos políticos suelen usar corbatas rojas cuando visten camisas blancas o azules. Y la razón por la que muchos políticos suelen utilizar corbatas rojas es porque el color rojo comunica liderazgo, fuerza y poder. De igual forma, el color rojo es el color con mayor amplitud de onda de luz, lo que convierte al color rojo en el color más llamativo y notable a la vista.

Gemelos: Los gemelos (mancuernas, mancuernillas, mancornas, colleras, yuntas, yugos), junto con el anillo de compromiso y un reloj elegante, son el único tipo de joyería permitida para una entrevista de trabajo o para cualquier ocasión donde vestir de manera elegante sea crucial.

Los gemelos son una especie de accesorio para camisas de manga larga. Ofrecen elegancia y sofisticación. Bien utilizados, te harán parecer más sofisticado e importante. Recuerda, la imagen es lo más importante.

Calcetines en color negro, azul marino o gris: Elige el color de los calcetines dependiendo del color de traje que elijas. Muchos hombres cometen el error de utilizar calcetines cafés o *beige* con trajes negros. Incluso he visto a algunos hombres utilizar calcetines blancos, lo creas o no, con pantalones negros. Eso no solo resulta antiestético, sino que también demuestra tu falta de atención a los detalles, algo crucial en muchos trabajos.

Zapatos de cuero en color negro: Elige un par de zapatos de cuero en color negro para acudir a tu entrevista. Es cierto que los zapatos en color café se pueden ver bien con pantalón gris o azul, pero lo mejor es evitar riesgos. Los zapatos en color café se ven bien en muchas ocasiones, pero no son la opción más recomendable para una entrevista de trabajo. Tu aspecto debe ser elegante, sobrio y discreto.

Opta por utilizar zapatos de color negro, independientemente del color de tu traje. Los zapatos negros combinan perfectamente con los pantalones en color azul marino, gris y negro por igual. Son una apuesta segura.

Loción: Las lociones más recomendadas son las que tienen aromas cítricos, pero no abuses con la loción. Úsala con discreción.

¿Es necesario vestir de las formas anteriormente mencionadas?

Es muy recomendable.

BIENVENIDO A LA EMPRESA: MÁS DE 200 CONSEJOS PARA ASEGURAR TU CONTRATACIÓN

Los errores en la vestimenta son universales, independientemente de la profesión que ejerzas; mientras que los consejos de vestimenta anteriormente mencionados, pueden ser utilizados por cualquier aspirante, independientemente de su profesión. Sin embargo, están más orientados a los profesionales del mundo financiero o legal, tales como mercadotecnia, administración, contabilidad, relaciones públicas, publicidad, ventas, derecho, alta gerencia y demás.

Independientemente de cuál sea tu profesión, los mismos consejos te serán de utilidad, pero también es posible que puedas sentirte como un «pez fuera del agua», sobre todo si practicas alguna profesión creativa como diseño gráfico o fotografía; en cuyo caso, vestir de traje podría parecer un poco exagerado. También es posible que vivas en un lugar demasiado cálido. En estos casos, ¿es posible cambiar un poco la forma «correcta» de vestir?

La respuesta es sí. Pero recuerda que tu imagen es tal vez el elemento más importante durante una entrevista laboral. Cuanto más elegante parezcas, más posibilidades existen de obtener el empleo. Puedes prescindir del saco, utilizando una blusa de manga larga o manga 3/4 en color blanco o tonos pasteles en el caso de las mujeres; o camisa de manga larga en color azul o blanco en el caso de los hombres.

Puedes optar por otro tipo de vestimenta si así lo deseas. Esa es tu decisión. Pero lo ideal sería tomar los consejos que he mencionado.

Recuerda que la imagen que demuestres será uno de los puntos que más le importará al entrevistador, por lo que una buena vestimenta aumentará tus posibilidades de obtener el empleo. En ningún caso conviene utilizar *jeans*, zapatillas deportivas, sandalias, camisetas ni joyería.

BIENVENIDO A LA EMPRESA: MÁS DE 200 CONSEJOS PARA ASEGURAR TU CONTRATACIÓN

Resumen de *Cómo vestir para que te contraten*

- Recuerda que la imagen que proyectas interfiere en la decisión del empleador en más del 60 %.

- Un buen currículum puede quedar apocado ante la mala imagen del aspirante.

- Si eres mujer, evita utilizar faldas cortas; aretes y joyería demasiado grandes; sandalias, zapatos abiertos y zapatillas deportivas; prendas con estampados vistosos; prendas de color rojo —a menos que asistas a una entrevista grupal—, rosa y anaranjado; escote muy pronunciado; y *jeans*.

- Si eres hombre, evita utilizar camisas de manga corta; camisetas; camisetas polo; prendas de color rojo —aunque las corbatas en color rojo pueden darte una mayor ventaja—, rosa y anaranjado; zapatillas deportivas; traje de chaqueta sin corbata; joyería; chaquetas de cuero; *jeans;* y calcetines blancos.

- Si eres mujer, opta por usar blusa de manga larga en color blanco o algún tono pastel; faldas y vestidos de largo mediano; medias; pantalones; saco negro o azul marino; tacones altos; perfume de aroma fresco; maquillaje discreto; y si deseas usar joyería, opta por usar aretes y collares de perlas.

- Si eres hombre, opta por usar camisa de manga larga en color azul o blanco; traje en color azul marino, gris o negro; loción de esencia cítrica; corbatas con diseños discretos, si combina con tu atuendo, mejor que sea de color rojo; gemelos; calcetines en color negro, azul marino o gris, dependiendo del color del traje; y zapatos de color negro.

• Si no te sientes cómodo con los conjuntos anteriormente mencionados, puedes prescindir del saco, utilizando una blusa de manga larga o manga 3/4 en color blanco o tonos pasteles en caso de las mujeres; o una camisa de manga larga en color azul o blanco en caso de los hombres.

• Puedes optar por cualquier otro tipo de vestimenta, pero recuerda que la imagen que proyectas es muy importante si deseas conseguir un puesto laboral dentro de cualquier empresa.

Consejos para el gran día

Si llegaste hasta este punto, supongo que a estas alturas ya te habrás dado cuenta de algunos errores que quizá cometiste en el pasado. Imagino que tu currículum ya ha sido pulido y que es incluso más atractivo que antes. Ya conoces lo poderosa que puede ser la imagen, la apariencia y la actitud de los aspirantes en la decisión final del empleador; incluso sabes que puede ser aún más importante que el propio currículum.

Has aprendido sobre tu lenguaje corporal y el mensaje que este trasmite, aun sin que digas una sola palabra. Aprendiste a leer el lenguaje corporal de tu empleador y a utilizar la persuasión a tu favor. Aprendiste a redactar una carta de presentación, y supongo que si ya has hecho una, seguramente es muy atractiva. Imagino que ya has investigado sobre la empresa a la que deseas pertenecer. Y finalmente, supongo que ya sabes cómo vestirás el día de tu entrevista.

Te recomiendo que sigas repasando cada resumen de cada capítulo con el fin de que te encuentres lo mejor preparado posible. Aun así, faltan algunos consejos que te podrán ser útiles el día de tu entrevista.

En este capítulo te mostraré algunos consejos que te ayudarán a verte aún más confiado y que serán de gran ayuda para eliminar el estrés y la inseguridad.

No olvides tu cita

¿Qué ocurriría si olvidas la fecha y hora de tu cita y después pides que te asignen otra? Pues bien, es muy difícil que te den otra cita. La razón es muy simple. Ya habrás creado una imagen de irresponsabilidad y falta de interés.

Cuando te confirmen la fecha de tu cita para la entrevista, no olvides agendarla.

Las agendas tradicionales tienen un fallo: hay que revisarlas constantemente. No las recomiendo en absoluto; ya que al generarte una dependencia a revisar la agenda, podrías aumentar ligeramente tus niveles de estrés. Y aunque también es cierto que muchos estudios han demostrado que escribir a mano, a diferencia de escribir en un teclado, ayuda a mantener las cosas en nuestra memoria, podrías olvidar revisar la agenda.

Conozco a algunas personas que a pesar de haber anotado su cita en una agenda tradicional, confundieron el día de la entrevista. Esto le pasó a un conocido mío. Él agendó su cita para un martes, pero a pesar de recordar la fecha, creyó que esa fecha correspondía a un día miércoles. Ese miércoles, creyendo que era la fecha correcta, se preparó para su entrevista, tomó su agenda, miró la pantalla de su teléfono móvil para comprobar la fecha y se dio cuenta de que la cita había sido el día anterior.

Las agendas tradicionales son excelentes cuando mantenemos cierta constancia y disciplina en nuestros hábitos. Pero en ocasiones, sobre todo cuando no seguimos una rutina, las notificaciones resultan muy útiles para recordar nuestros pendientes.

En la actualidad, todos los teléfonos móviles, ordenadores y tabletas electrónicas cuentan con aplicaciones de agendas que te recuerdan los eventos que has agregado mediante notificaciones. Existen incluso aplicaciones que pueden sincronizar tu agenda entre tu teléfono, tu ordenador y tu tableta. De esta manera, las posibilidades de que olvides tu cita son casi nulas.

Te recomiendo que hagas tres anotaciones con alarma en tu agenda. La primera sería con la fecha y hora de la cita, con un lapso de tiempo previo a la hora de la cita entre una a dos horas, quizá más, dependiendo de la distancia entre tu domicilio y la empresa. De esta manera, tendrás tiempo suficiente para asearte, vestirte y desayunar. Muchas personas consideran que desayunar no es importante; y ese es un error muy grave. Cuando no desayunas, tu cerebro se priva de glucosa, la cual necesaria para realizar muchas funciones cognitivas. En pocas palabras, si no desayunas estarás —y parecerás— ansioso y agitado.

La segunda anotación sería con un día de anticipación a la entrevista, entre las siete y nueve de la noche. Esa anotación servirá para que tengas oportunidad de terminar tu día temprano e ir a la cama lo más temprano posible.

El día de tu entrevista debes parecer relajado y descansado. Si no duermes bien tendrás ojeras, las cuales te guste o no, son parte de la imagen que proyectas. Una persona que luce cansada tiende a generar una imagen de aburrimiento, incompetencia y falta de interés. No querrás dar esa impresión.

La tercera anotación sería con dos días de anticipación a la cita. De esta manera, podrás tener listos todos tus documentos con algunos días de anticipación. No esperes hasta el último minuto para preparar tus documentos. Ten listo tu portafolio con dos días de anticipación.

Organiza todo con al menos dos días de anticipación

El día de la entrevista estarás un poco nervioso, lo que es muy normal. Los nervios nos nublan la mente, por así decirlo.

¿Te ha pasado que cuando buscas un objeto nunca lo encuentras, pero cuando el mismo objeto no te interesa, aparece ante tus ojos en todo momento? En realidad el objeto siempre estuvo ahí, pero el estrés lo «apartó» de tu vista, por así decirlo. Es muy probable que te ocurra lo mismo el día de la entrevista. No querrás llegar tarde y por ello, tu mente se enfocará en las cosas más importantes en ese momento y dejará todo lo demás fuera de tu memoria de trabajo.

Como ya he sugerido, organiza todos los documentos necesarios con al menos dos días de anticipación. Guarda todos esos documentos en el portafolio que llevarás a tu entrevista y coloca el portafolio en un lugar visible para que no se te olvide. Recuerda llevar varias copias de tu currículum con la mejor presentación posible, así como listas de referencias. Y si tu profesión lo requiere, como es el caso de los profesionales en publicidad, diseño gráfico, ilustración y fotografía, organiza un portafolio profesional con el que puedas demostrar tus habilidades y trabajos anteriores.

Selecciona tu vestimenta y tu calzado la noche anterior a tu entrevista. Si es necesario pulir tus zapatos, hazlo la noche anterior. Lo mismo ocurre con tu vestimenta, selecciona la ropa que vestirás en tu entrevista la noche anterior y tenla lista para vestirte a la mañana siguiente. De esta manera, no perderás tiempo decidiendo qué vestir ese día. Selecciona todo lo que sea necesario con por lo menos una noche de anticipación, de tal manera que el día de tu cita solo debas concentrarte en la entrevista.

Duerme bien

BIENVENIDO A LA EMPRESA: MÁS DE 200 CONSEJOS PARA ASEGURAR TU CONTRATACIÓN

En las recomendaciones anteriores te sugerí agregar un recordatorio en tu agenda una noche antes de la cita para que puedas ir a la cama temprano esa noche. En realidad, la recomendación es la siguiente, comienza a dormir temprano con al menos tres días de anticipación. De lo contrario no podrás dormir temprano la noche anterior a tu entrevista.

Tal vez pienses que dormir bien no es una prioridad. Pero cuando te ves cansado, las personas piensan que eres aburrido, indeciso, torpe y que careces de optimismo. ¿En serio quieres darle esa imagen al entrevistador?

Desayuna antes de ir a tu cita

Como mencioné en otras secciones del libro, muchas personas deciden prescindir del desayuno para «ahorrar» tiempo. Esta es una de las peores decisiones que pueden tomar. Cuando nos saltamos el desayuno privamos al cerebro de la glucosa necesaria para las funciones cognitivas. En otras palabras, tareas tan simples como contestar una serie de preguntas, pueden verse entorpecidas por la falta de glucosa en el cerebro, es decir, por saltar el desayuno.

Casi nadie imaginaria que esta recomendación aparecería en un libro cuyo propósito principal es asegurar la obtención de un puesto laboral, pero es uno de los errores más comunes de los aspirantes. Saltar el desayuno nos vuelve ansiosos y torpes. Pero no se trata únicamente de desayunar, hay que saber qué desayunar.

No todos los desayunos funcionan de la misma manera. Todos te quitan el hambre en el momento, pero algunos pueden causar acidez estomacal o flatulencias. Otros pueden dejarte satisfecho en el momento, pero el hambre regresa en menos de media hora.

Para no aburrirte tanto, te explicaré cómo debería ser el desayuno ideal y cuáles son los mayores errores a la hora de tomar el desayuno.

El desayuno debería incluir proteínas. Las proteínas te darán energía y te mantendrán satisfecho por más tiempo. Huevos, pescado, algo de pollo o carne magra, son las mejores opciones.

Como bebida, incluye té, de cualquier variedad. En muchos países se confunde el té con las infusiones. El té es una infusión hecha a partir de la hoja de la planta de té —*Camellia Sinensis*— y sus variedades más conocidas son el té negro, el té verde y el té blanco.

Puedes optar por cualquiera de las variedades de té. Si estás acostumbrado a beber café, puedes optar por el té negro. Por el contrario, si la cafeína está contraindicada, es mejor optar por el té blanco, el cual tiene niveles de cafeína muy bajos. El té verde es un punto neutro entre el té negro y el té blanco en cuanto a su nivel de cafeína. Lo más importante es que ninguna de las tres bebidas posee tanta cafeína como el café.

Lo ideal es que consumas el té sin ningún aditivo, en especial los productos lácteos. Si no estás acostumbrado al sabor del té, puedes añadir algún edulcorante, siendo la miel, en caso de no tenerla contraindicada, la opción más recomendable.

Evita el café y la leche.

Puede que te estés preguntando, ¿por qué no debería beber café o leche? y quizá también te preguntes, ¿por qué me recomiendan beber té ese día?

En primer lugar, explicaré por qué recomiendo beber té el día de la entrevista. El té posee niveles bajos de cafeína, lo cual te mantendrá alerta pero no ansioso. Además, contiene algunas sustancias que mejoran la concentración y reducen el estrés; beneficio que el café no ofrece.

Por el contrario, el café te mantendrá alerta, es cierto, pero también te mantendrá ansioso. Y si tienes algún tipo de tic nervioso, los altos niveles de cafeína en el café podrían empeorarlo. Simplemente no lo recomendaría.

Por otro lado, más del 60 % de la población sufre algún tipo de intolerancia a los lácteos y no lo sabe, lo que puede causar problemas de flatulencias, dolor abdominal, sensación de asco, ganas de vomitar y en el peor de los casos, diarrea.

La leche además, contiene triptófano, un aminoácido capaz de hacernos sentir bien y ponernos de buen humor. Pero no todo son buenas noticias. El triptófano nos puede relajar demasiado, llegando al borde de la somnolencia. Esa es la razón por la cual muchas personas beben leche antes de dormir. Al igual que el café, no lo recomendaría.

Si deseas consumir fruta, hazlo diez minutos antes de consumir proteínas, de lo contrario, las posibilidades de padecer flatulencias después de media hora podrían ser altas.

No recomiendo en absoluto los cereales de desayuno, las tostadas (pan tostado) con jalea (mermelada), ni la bollería industrial. Te saciarán por unos minutos, pero después de veinte minutos tu cuerpo comenzará a sentir hambre de nuevo, lo que significa que comenzarás a sentirte ansioso en pocos minutos.

Elimina las ojeras

Las ojeras te hacen lucir cansado y con falta de ánimo. Eso arruinaría la imagen que deseas proyectar. En lugar de causar una impresión alegre y juvenil, la impresión que causarás será la de alguien aburrido y poco amistoso.

Pasar noches sin dormir, o no dormir lo suficiente, genera esas molestias marcas oscuras alrededor de los ojos.

Una de las recomendaciones que te he dado es dormir bien la noche antes de la cita. Si por alguna razón las ojeras persisten, es mejor disimularlas.

Existen algunos productos comerciales que ayudan a disimular las ojeras. Pero si no tienes ningún producto comercial a la mano, existen algunas alternativas naturales.

Si consumiste té negro o té verde en el desayuno, puedes guardar la bolsita de té durante unos minutos en el congelador. Una vez que se haya enfriado, presiona ligeramente las ojeras con la bolsita de té.

Si consumiste té blanco, o si las ojeras son muy intensas, prepara un café muy cargado. No demasiado, quince o veinte mililitros serán suficientes. Una vez que hayas preparado el café, agrega hielo y agítalo para enfriar el café. Retira los hielos y remoja un pedazo de algodón en el café helado. Después, pasa el algodón humedecido alrededor de los ojos. La cafeína ayuda a mejorar la circulación de la sangre alrededor de los ojos, y el frío generará un efecto antiinflamatorio. Esto debería ser suficiente para disimular las ojeras.

Asegúrate de llegar puntual

Te recomiendo que llegues con al menos veinte minutos de anticipación a tu entrevista. Hoy en día la puntualidad es muy

BIENVENIDO A LA EMPRESA: MÁS DE 200 CONSEJOS PARA ASEGURAR TU CONTRATACIÓN

escasa y por lo tanto más valorada que nunca. Las empresas buscan a personas puntuales y responsables. Y esa es la imagen que deberás demostrar desde el primer día.

Pueden aparecer demasiados imprevistos, como accidentes de auto que hacen más lento el tráfico, manifestaciones, reparaciones en la vía pública, y muchas otras eventualidades que podrían entorpecer nuestras intenciones de llegar a tiempo.

Asegúrate de llegar veinte minutos antes de la cita, pero no te anuncies sino hasta cinco minutos antes de tu entrevista. Esos veinte minutos no deberán ser considerados como tiempo perdido.

A continuación, te daré algunos consejos para hacer un mejor uso de esos veinte minutos.

Relájate

Si llegas veinte minutos antes de tu cita, obtienes dos ventajas.

En primer lugar, serás percibido como un aspirante puntual y responsable. La otra ventaja tiene que ver con una ventaja adicional, tienes tiempo para relajarte.

Cuando pases a la entrevista, es normal que los nervios te ataquen. Pero durante los siguientes veinte minutos podrás intentar reducir los niveles de estrés que puedas experimentar.

Durante los próximos veinte minutos previos a tu entrevista solo tendrás que prestar atención a tu respiración. Algo así como meditar, pero con los ojos abiertos. Si meditas en la sala de espera podrás parecer cansado y somnoliento. Pero al prestar atención a tu respiración, obtendrás las mismas ventajas que obtendrías con una sesión de meditación. En otras palabras, parecerás relajado y confiado.

Puedes leer un libro o una revista, e incluso interactuar con las personas a tu alrededor, pero es necesario que prestes atención a tu respiración en todo momento.

Inhala y exhala. Y durante el proceso, se consciente de ello.

Si crees que mantenerte enfocado en tu respiración podría ser muy difícil para ti, comienza a practicar esta técnica la próxima vez que hables con alguien.

Podrías ser observado

La mayoría de las empresas tienen cámaras en sus salas de espera, pero eso no es lo que debería preocuparte. Algunas empresas utilizan cámaras para analizar el comportamiento de sus aspirantes. Eso sí debería importarte, mas no preocuparte.

Repasa los capítulos que hablan sobre la imagen y el lenguaje corporal. De esta manera, si tu comportamiento es analizado en secreto, no tendrás nada que temer. Por el contrario, tendrás algunos puntos extra a tu favor.

Ciertamente no hay forma alguna de saber si la empresa a la que deseas pertenecer analizará tu comportamiento, pero deberías suponer que sí lo harán. Si padeces de tics nerviosos, trata de eliminarlos. Mantenerte enfocado en tu respiración resulta muy útil para eliminar los tics nerviosos.

Evita comer tus uñas, jugar con tu cabello, chiflar, jugar con las manos, fumar, rascarte de forma innecesaria y cualquier otro comportamiento que pueda resultar «desagradable» para los demás.

BIENVENIDO A LA EMPRESA: MÁS DE 200 CONSEJOS PARA ASEGURAR TU CONTRATACIÓN

Sé gentil y no discutas

Imagina la siguiente escena.

Entras al edifico de la empresa. Te presentas en recepción y la recepcionista te contesta en un tono un tanto grosero: "¿Me permite? ¡Estoy ocupada!"

¿Cómo reaccionarías?

Más de la mitad de la población respondería de la misma forma, elevaría el tono de voz, arrugaría el ceño y respondería en un tono igualmente grosero.

¿Realmente vale la pena desquitarnos?

Recuerda que algunas empresas utilizan cámaras para evaluar el comportamiento de los candidatos. No vale la pena correr ningún riesgo. Es posible que la recepcionista, o cualquier persona que te conteste de forma poco amigable, esté pasando por algún mal momento, y en ese instante eras la única persona con la que pudo desquitarse.

No es culpa tuya. Lo sé. Pero de nada sirve ponerte a la defensiva. Solo causarías una mala impresión ante las personas que te rodean, comenzando por el personal de recursos humanos.

Lo mejor es olvidar ese incidente, tragarnos el orgullo y seguir como si nada hubiera pasado. Cuando alguien te responda de forma poco agradable, simplemente responde con una sonrisa diciendo algo como, "Disculpe si le causé alguna molestia. Que tenga un buen día". Después, retírate como si nada hubiera pasado, con la frente en alto y caminando a una velocidad un poco más lenta de lo habitual, sin ninguna prisa.

Es posible que recibas una disculpa, aunque lo más probable es que ese no sea el caso. Simplemente olvida el incidente y concéntrate en tu respiración. Te ayudará a relajarte y a disolver el coraje.

Si tras ese episodio crees que han aplastado tu orgullo, te reconfortará saber que psicológicamente, las personas que gritan a alguien y reciben un trato amable de la persona a quien le han gritado tienden a sentirse culpables e incluso pueden llegar a verse a sí mismos como unos idiotas durante los siguientes minutos al incidente.

Hazte notar y logra que los demás te tomen en cuenta

De nada sirve tener la mejor preparación académica y vestir de manera elegante si pasamos inadvertidos.

En capítulos anteriores hablamos sobre el liderazgo y la sumisión. Un líder se hace notar mientras que el sumiso, por el contrario, se retrae e intenta pasar inadvertido.

Actúa como un líder y serás notado de inmediato.

Cuando las personas se hacen notar, tienden a ser recordadas. Esto significa que su lista de contactos se hace más grande y más útil para el futuro. No es momento ser antisocial ni mucho menos antipático con ninguna persona dentro de la empresa.

Todas las personas dentro de la empresa pueden ser de alguna manera útiles para que logres conseguir ese puesto laboral que tanto deseas. Y una vez que logres obtener algún puesto dentro de la empresa, tus relaciones sociales y la simpatía que habrás generado ante los demás, te serán de gran utilidad cuando busques un mejor puesto dentro de la compañía.

Cuando entres a la empresa, camina con la frente en alto, cuidando tu postura en todo momento. Camina un poco más lento de lo habitual, como si estuvieras en una pasarela de modas. Saluda a todas las personas con las que coincidas.

Una simple frase como «buenos días», acompañada con una sonrisa, no solo tendrá un fuerte impacto en las personas a las que te dirijas, sino que también tendrá un impacto en ti. Sin darte cuenta, tu nivel de confianza aumentará.

Cuando pases a una sala de espera, ubícate en el centro de la misma. Las personas seguras de sí mismas gustan de ser observadas y admiradas, mientras que las personas tímidas y sumisas, tienden a ubicarse en los rincones para pasar inadvertidas. Las personas que son más visibles son las más recordadas y generalmente, son las que obtienen los mejores puestos laborales y los mejores salarios.

Hacerte notar y socializar no solo te ayudará a obtener un empleo. Obtener un empleo no significa que has obtenido algún tipo de seguro de vida. Los recortes de personal son cada vez más comunes en un mundo de crisis. Y son las personas que demuestran mayores habilidades sociales las que resultan menos vulnerables ante un recorte de personal. Si eres capaz de hacerte notar ante los demás miembros de la empresa, las personas tendrán una buena imagen de ti, eso significa que tus superiores considerarán por qué deberías permanecer en la organización si hubiese algún recorte de personal.

Recuerda que tienes que hacerte notar, de lo contrario te mostrarás como alguien tímido e incapaz de socializar. Pero hay algo que deseo que tomes en cuenta. Ser social no significa aborrecer a alguien tratando de hablarle de temas en los que no está interesado, como tampoco significa estar pegado a una persona todo el día sin dejarle respirar a gusto. Hay una linea muy delgada entre una persona social y simpática y una persona fastidiosa y molesta.

Existen personas que intentan acaparar la atención de los demás. En su mente, ellos creen que son personas sociales y simpáticas. Sin embargo, el resultado es completamente opuesto. Como regla general, si notas que le fastidias a alguna persona, puede que sea problema de esa persona en particular, pero si notas que le fastidias a la mayoría, significa que el problema reside en ti. En ese caso, mi mejor consejo es que trates de cambiar ese aspecto de ti. Una vez que lo hagas, tu vida cambiará para mejor. Eso te lo puedo asegurar.

Si eres capaz de socializar con las personas a tu alrededor y tu comportamiento fuese analizado, te estarías mostrando como una persona capaz de trabajar en equipo, algo que las empresas valoran mucho hoy en día.

BIENVENIDO A LA EMPRESA: MÁS DE 200 CONSEJOS PARA ASEGURAR TU CONTRATACIÓN

Resumen de *Consejos para el gran día*

- Utiliza la aplicación de agenda de tu teléfono móvil para recordar tu cita.

- Organiza la documentación necesaria con al menos dos días de anticipación.

- Recuerda llevar varias copias de tu currículum con la mejor presentación posible.

- Selecciona tu vestimenta y calzado por lo menos con un día de anticipación.

- Duerme bien la noche anterior. Evitarás ojeras y demás signos de fatiga.

- Desayuna antes de ir a tu cita. Asegúrate de incluir proteínas para no sentir hambre a las pocas horas.

- Consume té en lugar de café. Evita la leche.

- Asegúrate de no tener ojeras.

- Llega a tu cita con veinte minutos de anticipación, pero no te anuncies sino hasta cinco minutos antes de tu cita.

- Durante los minutos de espera anteriores a tu entrevista, concéntrate en tu respiración. Te ayudará a relajarte y a evitar los nervios.

- Algunas empresas utilizan cámaras para analizar el comportamiento de sus posibles candidatos. Utiliza ese recurso a tu favor.

- Cuando pases a la sala de espera, intenta ubicarte en el centro para hacerte notar.

- Sé gentil en todo momento. No discutas con nadie.

- Hazte notar e intenta socializar.

Consejos para tener éxito en tu entrevista

Todo lo que has leído en los capítulos anteriores tendrá un fuerte impacto en tu entrevista.

Una buena carta de presentación te garantiza que tu currículum será leído.

Un currículum bien redactado te permitirá obtener una cita para una entrevista laboral.

Tu imagen, tu actitud y tu lenguaje corporal harán que seas capaz de causar una excelente primera impresión.

Pero todo eso queda resumido a tu entrevista de trabajo.

Tu entrevista es ese momento crucial. Durante tu entrevista, deberás ser capaz de demostrar que eres el mejor candidato en ese momento. Es el momento en el cual tu posible empleador quedará impresionado o desinteresado por ti. Es el momento en el cual puedes o no obtener el empleo. Es definitivamente, el momento crucial para obtener el empleo.

En este capítulo te daré algunos consejos para poder destacar en tu entrevista. Consejos que te ayudarán a sobresalir de entre la competencia y te ayudarán a aumentar tus posibilidades de ser contratado.

Apaga cualquier dispositivo móvil
No es broma.

En la actualidad, la telefonía móvil nos permite estar más cerca de los que están más lejos, pero al mismo tiempo nos aparta de las personas que tenemos cerca.

Hoy en día es muy común ver a personas ignorando a otras por estar escribiendo mensajes en sus dispositivos móviles. Este tipo de personas aseguran estar escribiendo y escuchando al mismo tiempo, pero generalmente ignoran por completo a la persona que les está hablando; aquella que, a diferencia de la persona que recibirá el texto, se encuentra junto a la persona que escribe en ese momento.

No hay nada más molesto para una persona que ser ignorada. Aún así, a muchas personas les gusta sentirse importantes escribiendo textos en el teléfono móvil. Les hace sentir que, de alguna manera, están demostrando ante el mundo que poseen una larga red de contactos. Y lo que ocurre en realidad es que, mientras ignoras a aquellas personas que están brindándote su tiempo, estás perdiendo la simpatía de esas personas. Y ciertamente, a nadie le importará tu supuesta red de contactos.

Tus amigos y familiares podrían tolerarlo, pero tu entrevistador jamás te perdonará que le ignores. Nunca tendrás una segunda oportunidad de causar una buena primera impresión. Y ciertamente, estar escribiendo mensajes de texto le hará pensar que eres una persona que no se toma las cosas en serio. Y por lo tanto, que no te interesa realmente el empleo.

No hay nada más molesto para cualquier persona, en especial para un entrevistador, que estar hablando con alguien y que le interrumpan con una frase como, "Permíteme un momento. Solo contesto un mensaje".

A nadie le gusta ser ignorado y en caso de hacerlo, el único resultado que obtendrás será negativo. Serás automáticamente percibido como alguien a quien no le interesa el puesto en lo más mínimo. ¿Hace falta correr ese riesgo?

Apaga cualquier dispositivo móvil que lleves contigo antes de entrar a tu entrevista: tabletas electrónicas, teléfono móvil, ordenador portátil, reproductores de música, relojes inteligentes y todos aquellos dispositivos móviles que sean capaces de recibir notificaciones.

Apágalos. No utilices el modo avión ni los pongas en vibrador.

Actualmente, lo creas o no, muchas personas llegan a sufrir ansiedad cuando salen de sus casas sin su teléfono móvil. Ocurre algo similar cuando reciben un mensaje y no pueden contestar, comienzan a aparecer signos de estrés y ansiedad, los cuales, si recuerdas los capítulos de imagen y lenguaje corporal, son signos que deberías evitar.

Si apagas todos los dispositivos móviles, principalmente el teléfono, no tendrás la necesidad de colocarlo sobre el escritorio. Existen algunos estudios que demuestran que colocar el teléfono móvil sobre la mesa es perjudicial para tu imagen en una primera cita. Y obviamente ocurre lo mismo en una cita para una entrevista laboral. No solo resulta antiprofesional, sino que tu entrevistador podría sentirse tentado a mirar tu teléfono en lugar de prestarte atención. Guarda tu teléfono de tal manera que no pueda ser visible. De esta manera, solo podrán concentrarse en ti.

Sé amigable y cordial

Cuando te presentes ante tu entrevistador, sonríe y saluda con cortesía. Sé el primero en estrechar la mano, de esta manera, podrás mantener el contacto visual cuando el entrevistador estreche tu mano. Si eres hombre y la persona que realiza la entrevista es una mujer, no le estreches la mano a menos que ella lo haga primero. No saludes dando besos, independientemente de cuál sea tu sexo o el de tu empleador. Es una entrevista de trabajo, no una cita social. Tampoco le toques innecesariamente, de lo contrario parecerás una persona algo atrevida.

Preséntate ante el entrevistador y no olvides preguntarle cómo está. Una simple pregunta sobre el estado de ánimo genera, lo creas o no, una mejor predisposición. A todos nos gusta sentirnos importantes, y cuando alguien nos muestra un interés genuino y desinteresado, nuestra predisposición ante la otra persona tiende a ser positiva. Utiliza este recurso a tu favor para obtener simpatía.

Toma asiento únicamente cuando el entrevistador te lo indique. De esta manera, te mostrarás como alguien cortés, educado y elegante; además de dar la impresión de que sabes respetar las jerarquías.

Discurso de treinta segundos

Si obtuviste una entrevista de trabajo, significa que tu carta de presentación y tu currículum impresionaron al empleador. Ahora es tiempo de demostrar que tu currículum no miente. Ten preparado un discurso de treinta segundos que logre convencer al empleador o al entrevistador de que tu currículum realmente refleja lo que puedes aportar a la empresa.

Prepara tu discurso con algunos días de anticipación. No es necesario que lo recites de memoria, pero sí deberías ser capaz de recordar los puntos más importantes, aquellos que convencerán al entrevistador de que eres tú quien merece el puesto.

Menciona primero aquellas cualidades que te hacen sobresalir. Es decir, menciona las cosas positivas antes que las negativas. La razón de este punto es simple. Cuando escuchamos un discurso, después de un rato nuestro cerebro se pone en «piloto automático», por así decirlo. Eso significa que el entrevistador, aunque permanezca atento a todo tu discurso, solo será capaz de mantenerse totalmente concentrado en las primeras palabras claves.

Te daré un ejemplo. Presta atención a las zonas en negritas.

"Tengo una licenciatura en administración de empresas turísticas y he trabajado para dos cadenas hoteleras. **Soy una persona organizada y eficiente, hablo inglés y francés con fluidez, y me gusta trabajar con la gente.** Pero también **soy un poco autoritario y tiendo a ser demasiado perfeccionista en algunas ocasiones**".

Ahora veamos el mismo ejemplo pero con los aspectos negativos al principio.

"Tengo una licenciatura en administración de empresas turísticas y he trabajado para dos cadenas hoteleras. **Soy un poco autoritario y tiendo a ser demasiado perfeccionista en algunas ocasiones.** Pero también **soy una persona organizada y eficiente, hablo inglés y francés con fluidez, y me gusta trabajar con la gente**".

Como puedes ver, el mensaje no varia en absoluto. En ambos ejemplos, el aspirante expresó el mismo mensaje. Pero aunque sea algo que cueste creer, el primer ejemplo resultaría más eficiente.

Si quieres que tu discurso sea eficiente, expresa primero aquellos puntos positivos y después aquellos aspectos en los que sea necesario trabajar.

Si estás pensando en pronunciar únicamente los aspectos positivos y evitar los aspectos negativos a fin de asegurar tu puesto en la empresa, te tengo malas noticias.

Una persona que solamente posee aspectos positivos resulta «demasiado bueno para ser cierto». Así que, al mencionar algunas cualidades negativas y hacerle ver al empleador que estás trabajando en ellas y que no serán un obstáculo para tu desarrollo profesional, le darán una mejor imagen de ti.

Una última aclaración. Cuando te pido que hagas un discurso de treinta segundos, me refiero a que elabores un discurso que pueda ejemplificar tus mejores cualidades en ese lapso de tiempo. No pretendas elaborar un gran discurso durante ese pequeño lapso de tiempo. Es decir, no elabores un discurso que te obligue a hablar rápido. Tu discurso debe durar treinta segundos aproximadamente, pero deberías parecer calmado, confiado y elegante al hablar.

No te muestres desesperado por el empleo

Evita parecer desesperado por conseguir el empleo. De lo contrario, el entrevistador puede pensar que deseas el puesto únicamente por el salario. Aunque siendo honestos, lo más probable es que así sea.

Recuerda que las empresas no buscan personas desempleadas a las que puedan apoyar financieramente. Las empresas buscan personas capaces de aumentar la productividad y los ingresos de la misma. Si te muestras como alguien desesperado por encontrar un empleo, resultará obvio que no deseas aportar nada significativo a la compañía. Y en ese caso, preferirán a alguien que sí pueda hacerlo.

Actúa con naturalidad, como si tuvieras otras opciones en caso de que no obtengas el puesto. Pero tampoco te muestres indiferente ante el puesto de trabajo, como si no te importara.

Recuerda que se trata de una venta personal
Cuando acudes a una entrevista laboral, en realidad estás tratando de venderte como si fueses un producto. Existen muchas otras opciones ahí afuera esperando por el mismo puesto laboral, por eso debes demostrar que tú eres el candidato ideal. Para ello, tu actitud debe ser positiva y debes ser capaz de promocionar tus logros.

No es momento de actuar de forma tímida y sumida. No es momento para ser humilde al hablar de tus logros. Si no te vendes adecuadamente, otro lo hará y así obtendrá el puesto que tú no lograste ocupar. Habla de tus logros con confianza y con una actitud positiva.

Mantén contacto visual
Asegúrate de mantener contacto visual durante la entrevista. Mantener contacto visual es un signo de confianza y seguridad.

Asegúrate de desviar la mirada por algunos momentos. Por ejemplo, cuando tengas que mostrar tu currículum, puedes observarlo durante algunos segundos. La idea es que mantengas contacto visual, no que parezcas una persona hostil. He hablado sobre este tema en otros capítulos, los cuales te recomiendo volver a revisar si es necesario.

Postura y lenguaje corporal

En otros capítulos he hablado sobre la postura y el lenguaje corporal, pero a modo de repaso, y concentrándonos en tu entrevista, te dejaré algunos consejos adicionales.

Cuida tu postura al estar de pie. Mantente erguido y no camines con prisas. Parecerás confiado y seguro de ti mismo.

Al sentarte, recarga tu espalda en el respaldo. No solo te sentirás más cómodo, sino que también mostrarás una postura más confiada. Mantén los hombros en alto y evita encorvarte. Inclina ligeramente el torso hacia tu reclutador para mostrar mayor interés.

Asegúrate de que tus pies toquen el suelo por completo. Eso bastará para controlar los movimientos nerviosos de tus piernas. Asegúrate de no cruzar las piernas ni los pies. Trata también de evitar tics nerviosos, como mover los pies, las piernas o tamborilear los dedos sobre la mesa.

Por último, asegúrate de mantener las manos siempre visibles sobre el escritorio. De lo contrario, es posible que el entrevistador considere que estás ocultando algo, lo que le causará desconfianza.

Evita los tics

Si tienes tics nerviosos, intenta eliminarlos. Comerse las uñas, jugarse el cabello, tamborilear con los dedos sobre la mesa, jugarse las manos, rascarse innecesariamente, hacer ruidos, chiflar, cantar, mover los pies y cualquier otro «comportamiento de mal gusto» debe ser evitado. No solo resulta molesto, sino que también podrías ser percibido como alguien incompetente.

No interrumpas al entrevistador

Nunca interrumpas al reclutador cuando esté hablando. Si eres de esas personas que siempre están interrumpiendo a los demás porque desean expresar lo que piensan, acostúmbrate a esperar un par de segundos antes de contestar.

Escucha atentamente lo que dice el reclutador, pero hazle entender que estás atento. Asienta ligeramente con la cabeza para comunicarle que estás prestando atención.

Al terminar la entrevista

Cuando la entrevista termine, ponte de pie y agradece al empleador por haberte concedido la oportunidad de ser entrevistado.

Despídete con un apretón de manos firme, manteniendo contacto visual y acompañando el apretón de manos con una leve sonrisa.

Al salir de la oficina, verifica tu postura. Asegúrate de no haberte encorvado. Asegúrate también de salir relajado, sin prisas. Y mantén una postura erguida en todo momento.

Resumen de *Consejos para tener éxito en tu entrevista*

- Apaga cualquier dispositivo móvil antes de entrar a la entrevista.

- Sé amable y cordial.

- Sé el primero en estrechar la mano cuando saludes. De esta manera, mantendrás contacto visual durante el saludo.

- Si eres hombre y la persona que realiza la entrevista es una mujer, no le estreches la mano a menos que ella lo haga primero.

- Nunca saludes dando besos al entrevistador. Tampoco le toques innecesariamente.

- Cuando te presentes ante el entrevistador, pregúntale cómo está, o algo similar.

- No tomes asiento sino hasta que el entrevistador te lo indique.

- Elabora un discurso de treinta segundos.

- Durante tu discurso de treinta segundos, menciona primero tus cualidades positivas y por último los aspectos negativos.

- No te muestres desesperado por obtener el empleo.

BIENVENIDO A LA EMPRESA: MÁS DE 200 CONSEJOS PARA ASEGURAR TU CONTRATACIÓN

- Recuerda que una entrevista laboral es una venta personal.

- Muestra seguridad y no seas tímido al mencionar tus logros.

- Mantén contacto visual durante la entrevista.

- Mantén una postura erguida cuando estés de pie.

- No camines con prisas.

- Al sentarte, recarga tu espalda en el respaldo del asiento y asegúrate de que ambos pies toquen el suelo por completo.

- Mantén las manos visibles durante toda la entrevista.

- Evita cualquier tipo de tic nervioso o cualquier «comportamiento de mal gusto».

- Nunca interrumpas al entrevistador cuando esté hablando.

- Escucha atentamente al entrevistador y asienta con la cabeza para indicarle que estás prestando atención.

- Al terminar la entrevista, ponte de pie y agradece al entrevistador.

- Despídete del reclutador con un apretón de manos firme, manteniendo contacto visual y acompañando el apretón de manos con una sonrisa.

- Cuando salgas de la oficina, comprueba que tu postura sigue erguida y camina sin prisas.

Preguntas más comunes en una entrevista de trabajo

Es imposible saber cuáles serán las preguntas que te harán en una entrevista laboral. Los reclutadores no utilizan un cuestionario uniforme. Tampoco se trata de un cuestionario elaborado por un grupo de expertos y que fue posteriormente implementado como un cuestionario universal en todas las empresas.

Aun así, existe una serie de preguntas que pareciera que son universales. Son preguntas que, de alguna manera, se han convertido en la norma en la mayoría de las empresas. No estoy sugiriendo que esas serán las preguntas que te harán el día de tu entrevista, pero existe una gran probabilidad de que te pregunten alguna o varias de esas preguntas.

En este capítulo te incluiré algunas de las preguntas más comunes en una entrevista laboral. Las preguntas que explicaré a continuación vienen de dos fuentes: mi propia experiencia personal y directamente de las palabras de reclutadores de recursos humanos a los que entrevisté.

Con una búsqueda rápida en internet, es posible encontrar más ejemplos de las posibles preguntas que pueden hacerte en tu entrevista laboral, las cuales han sido escritas por varios reclutadores de recursos humanos o por usuarios que han pasado por esa experiencia. No las incluyo en este libro porque no fueron escritas por mí y por lo tanto, no poseo los derechos para la reproducción de dicho material. Pero si decides revisar esas preguntas, una búsqueda rápida en la web te dará los resultados más pertinentes en pocos segundos.

A continuación, expondré cuáles son las preguntas más comunes, junto con una serie de recomendaciones para responderlas.

Hábleme de usted: No es precisamente una pregunta. Más bien es una forma de romper el hielo y comenzar la entrevista. Es el mejor momento para dar tu discurso de treinta segundos. Es el momento de impresionar al reclutador y hacerle desear saber más sobre ti. Expón tu preparación académica y tus logros más relevantes, según el perfil de la empresa y el puesto que buscas; así como la razón principal por la que deseas el puesto.

¿Por qué le interesa trabajar con nosotros?: Esta pregunta es muy común y puedo casi asegurarte que te la van a preguntar. Hay un capítulo donde hablo sobre la importancia de conocer a la empresa. Puedes responder esta pregunta de acuerdo con la información que has obtenido sobre la empresa y el puesto laboral.

¿Por qué dejó su trabajo anterior?: Una pregunta difícil para muchos. Es básicamente una manera de buscar debilidades en los aspirantes. Difícilmente contratarán a alguien que habla mal de sus jefes anteriores o de la empresa para la que trabajó. Eso indicaría deslealtad, algo que no es muy favorable para ninguna empresa.

¿Por qué está pensando dejar su empleo actual?: Si tienes un empleo y estás buscando un trabajo en otra empresa, es normal que surjan dudas en el reclutador. Contesta con sinceridad, sin hablar mal de la compañía para la que trabajas actualmente.

Hábleme de su jefe anterior: Muy similar a la última pregunta. Es probable que se trate de una pregunta para conocer tu nivel de lealtad hacia la empresa. Sea cual sea la respuesta, habla lo mejor que puedas sobre tu jefe. Al igual que con tu discurso de treinta segundos, expón primero las cualidades positivas y luego las negativas.

Es normal que existan problemas con los jefes. Muchas personas aseguran que sus jefes les buscan problemas y que abusan de su autoridad, sobre todo en los países de América Latina. Pero todas las personas tienen puntos fuertes y débiles. Debes ser inteligente al responder este tipo de preguntas para no generar una mala imagen.

Si tuviste un jefe muy estricto y exigente, ¿por qué decir que era exigente, estricto y mala persona? En su lugar, mejor di que era una persona perfeccionista y que gracias a ello, obtenía buenos resultados.

Por nada del mundo hables mal de tu jefe anterior. Aun si existiera algún tipo de resentimiento, trata de analizar cuáles eran sus cualidades positivas y habla bien de tu antiguo jefe con base en ello.

Al hablar mal de tu jefe anterior, estarás mostrándole al reclutador que eres una persona que está resentida. Y posiblemente pensará que la culpa de cualquier altercado fue tuya. Si ocurrió algún problema con tu jefe anterior, o simplemente le guardas algún tipo de rencor o recelo, guarda el orgullo por un momento. Hablar mal de él o ella podría jugar en tu contra. Recuerda, no te quejes y no critiques.

Hábleme de su empleo anterior: Una vez más, por nada del mundo hables mal sobre tu empleo anterior. Aunque sí puedes —después de haber dicho las cualidades positivas de aquel empleo— hablar acerca de las carencias de aquel puesto y por qué lo dejaste.

Hábleme de su experiencia laboral: Recuerda que lo importante no es dónde trabajaste, sino los logros que obtuviste mientras estuviste trabajando ahí. Haz énfasis en tus logros y hazle ver al reclutador por qué le conviene tenerte dentro de la empresa.

Hábleme sobre el mejor y el peor jefe que ha tenido: Al igual que otras preguntas, la idea es conocer mejor el nivel de respeto y lealtad que tienes hacia la empresa y sus superiores.

La mejor forma de contestar esta pregunta sería con una respuesta neutral. Puede decir algo como, "Creo que elegir a un solo jefe como el mejor sería elitista, ya que he aprendido algo de cada uno de los jefes que he tenido. De igual forma, no puedo decir que he tenido un peor jefe. Ya que si bien he tenido algunos malos ratos con uno que otro jefe, lo cierto es que he aprendido sobre esas experiencias, por ejemplo, a afrontar los retos, trabajar bajo presión y manejar mejor el estrés".

¿Por qué se interesó en esta empresa?: Este tipo de preguntas es la razón de que exista un capítulo en este libro acerca de la importancia de investigar sobre la empresa. Muchos empleadores utilizan este tipo de preguntas para intimidar un poco a los aspirantes, pero debido a que has investigado sobre la empresa anteriormente, puedes utilizar este tipo de preguntas a tu favor.

Responde hablando sobre el ambiente laboral de la empresa, o que deseas trabajar ahí porque te identificas con la filosofía de la empresa y sus valores. Cualquier cosa que tenga que ver con la empresa y contigo. Pero sobre todo, sé sincero en todo momento. El reclutador tal vez se sorprenda de tu facilidad de palabra ante ese tipo de preguntas, pero te estarás mostrando como una persona confiada, segura y verdaderamente interesada por el puesto que estás buscando.

¿Cuáles son sus mayores cualidades y habilidades?: Explica cuáles son tus cualidades y habilidades principales. Después, no sería mala idea mencionar las áreas en las que debas mejorar.

Si hablara con su jefe anterior, ¿Cuáles serían las áreas en las que él o ella diría que usted tiene que mejorar?: Esta pregunta se refiere a aquellas características de tu personalidad que podrían limitar tu desempeño dentro de la empresa. Pero al haberlo mencionado al responder sobre tus cualidades y habilidades, el entrevistador no tendrá oportunidad de formular esta pregunta.

¿Qué es lo que más le agradaba y lo que más le disgustaba de su empleo anterior?: Aun si la pregunta fuese ¿qué es lo que más le disgustaba y lo que más le agradaba de su empleo anterior?, asegúrate de contestar primero de forma positiva, es decir, menciona primero aquellos aspectos más te gustaban de tu anterior empleo.

Contesta con naturalidad. Algo debió gustarte de tu antiguo empleo. Pudo haber sido la convivencia con tus compañeros, la buena relación laboral entre el personal, el salario, la ubicación, o cualquier otro aspecto. Pero para dar una mejor imagen, puedes también mencionar los retos a los que te enfrentabas en aquel empleo.

Al decir que los retos que enfrentabas en tu empleo anterior eran una de las mejores cosas de tu trabajo anterior, tu nuevo empleador verá en ti a una persona capaz de afrontar los retos en un mundo globalizado.

Una vez que hayas contestado cuáles eran los aspectos más agradables de tu empleo anterior, puedes mencionar los aspectos que más te desagradaban. Pero por nada del mundo menciones que tu anterior empleo carecía de aspectos negativos. Si respondieras de esa manera, el entrevistador podría preguntarte, "Entonces, ¿por qué desea cambiar el puesto que tiene en la actualidad?" Si te preguntaran eso, dudo mucho que puedas responder de manera asertiva y creíble. En vez de eso, menciona algunos aspectos de tu empleo anterior que no fueran de tu agrado, con la mayor diplomacia y discreción posible. Pero sobre todo, no critiques ni te quejes.

Mencione alguna anécdota de su empleo anterior donde haya estado en una situación complicada. ¿Cuál fue su manera de resolverlo?: El entrevistador utilizará este tipo de preguntas para conocer tu manera de lidiar con los problemas. Si eres una persona que carece de paciencia, tendrás dificultades para encajar con la personalidad de muchas empresas.

Intenta recordar aquella situación que te llevo al estrés absoluto. ¿Cómo lidiaste con ello? ¿Las cosas salieron bien? Si así fue, puedes contar esa anécdota.

La idea es demostrar que eres una persona capaz de afrontar los retos y las dificultades de la mejor manera posible.

¿Qué es el éxito para usted?/¿Cómo evalúa el éxito?: Preguntas sencillas pero con un amplio repertorio de posibles respuestas.

Parecen preguntas sencillas y carentes de errores. Pero en realidad, la respuesta a estas preguntas revela más de ti de lo que crees.

Cualquiera que sea la respuesta, en realidad estás revelando información sobre tu ética laboral, tus logros, tus aspiraciones, tus ambiciones y una idea global de tu personalidad.

Piensa muy bien cuál será la respuesta a esta pregunta. Es una pregunta muy personal y tienes que responder con sinceridad. Puedes responder algo como: "Para mí, el éxito es sinónimo de hacer las cosas bien", o "Para mí, el éxito se logra cuando mi trabajo da los mejores resultados, o cuando mis superiores reconocer el buen trabajo que he hecho".

También puedes responder de alguna manera en la que seas percibido como alguien apto para las labores en equipo, algo así como: "Para mí, el éxito no se trata de algo exclusivamente personal. Creo que se trata de algo que puede compartirse, por ejemplo, cuando se trabaja en equipo y se logra un buen trabajo que logre satisfacer a todos".

Te recuerdo que la respuesta debe ser personal. Es decir, basada en tu propia manera de pensar. Los ejemplos que te doy son únicamente para que te puedas dar una idea acerca del tipo de respuesta que buscan los empleadores.

Un último consejo, evita mostrarte prepotente al responder.

¿Cómo lidia con el estrés y la presión?: Esta pregunta le ayudará al entrevistador a conocer el nivel de responsabilidad que tienes con tus compromisos laborales. De igual forma, es una manera de conocer si eres o no capaz de trabajar bajo presión, algo imprescindible en estos días.

La mejor forma de contestar esta pregunta es manifestar que la presión y el estrés son cosas realmente positivas. Al hacerlo estarás mostrándote como alguien capaz de afrontar retos y mantener la eficiencia aun en los momentos más exigentes.

Puedes decir algo como: "Para mí, el estrés es algo positivo, ya que estimula la cooperación entre los individuos, ayuda a mejorar el pensamiento critico, la resolución de problemas y la creatividad".

También puedes decir: "Tiendo a priorizar mis responsabilidades, así que sé organizar muy bien mi tiempo, aun bajo presión". O quizá, algo como: "Creo que los mejores resultados llegan cuando se trabaja bajo presión. De esa manera, las ideas surgen de una manera más fluida. Creo que en realidad es algo positivo y hasta provechoso".

Cualquiera que sea tu respuesta, asegúrate de que sea una respuesta que haga resaltar el positivismo del estrés y la presión. Pero tengo que dejar algo muy claro. Si en realidad eres capaz de trabajar bajo presión, bien por ti. Si no eres capaz de trabajar bajo presión, deberías considerar trabajar en ello, ya que en la actualidad es algo totalmente imprescindible en cualquier trabajo.

¿Cuáles son sus metas para el futuro?: Esta pregunta es muy útil para los entrevistadores. Les ayuda a determinar tu nivel de compromiso con la empresa.

¿Eres una persona ambiciosa, o eres capaz de velar por la empresa? Esta es la pregunta que se esconde detrás de *¿cuáles son tus metas para el futuro?*

Responde de una manera que la empresa pueda ver en ti a un empleado leal. Puedes responder algo como: "Me veo a mí mismo en una empresa bien consolidada y con una buena reputación". También podrías decir: "Me gustaría adquirir más conocimiento, conocimiento que se aprende únicamente con la practica, aquel que no se aprende en la universidad. Creo que el conocimiento es lo que nos hace más competitivos".

¿Por qué deberíamos contratarle?: Existen otros candidatos esperando por el mismo puesto. ¿Por qué deberías obtener el puesto tú y no otra persona? Piensa bien cómo responderás esta pregunta.

¿Qué cualidades tienes?

¿Qué puedes ofrecer a la empresa?

Los logros que has obtenido en tus empleos anteriores te serán de gran utilidad para responder estas preguntas.

Tu preparación también te puede ayudar a responder esta pregunta. Cuando estabas estudiando había otros alumnos adquiriendo el mismo conocimiento que tú. ¿Por qué eres mejor que ellos?

Si hablas otros idiomas, menciónalo. Si tienes estudios extracurriculares, menciónalo. Cualquier cosa que te haga sobresalir, o que sea de interés para la empresa, exprésalo al contestar esta pregunta.

Bajo ninguna circunstancia hables mal de los otros aspirantes. Eso no te dará ningún punto a favor, pero sí te restará demasiados puntos. Una persona que siempre critica a los demás es una persona incapaz de trabajar en equipo.

¿Cuánto deseas ganar?: Esta es quizá la pregunta más intimidante de todas. Si pides mucho es difícil que te contraten, pero si pides poco, lo más probable es que obtengas un trabajo con un salario muy bajo. Entonces, ¿cómo responder a esta pregunta?

Lo ideal es responder con base en intervalos flexibles. Puedes responder algo como, "deseo ganar entre mil quinientos y dos mil dólares", por ejemplo.

Haz una pequeña investigación acerca de los salarios promedios de los puestos de trabajo que deseas cubrir. Y genera un intervalo de acuerdo con ello. Por ejemplo, si el salario promedio es de mil setecientos dólares, di que deseas ganar entre mil seiscientos y dos mil dólares. Así no te arriesgas a obtener un salario muy bajo, y al mismo tiempo dejas abierta la posibilidad de ganar un poco más.

Cuando hagas tu investigación para averiguar el salario promedio del puesto que desees cubrir, es importante que hagas dicha investigación de acuerdo con la localidad en donde vives. El salario promedio difiere enormemente dependiendo del lugar de residencia. No es lo mismo trabajar en Canadá que en México. Ni siquiera se percibe un salario similar en España y Finlandia, a pesar de que ambos países son parte de la Unión Europea y comparten la misma moneda. Cada región posee un salario promedio de acuerdo con el costo de la vida de la región. Por lo tanto, un ingeniero obtendrá un salario más alto en Alemania, donde el costo de la vida es más elevado, que en Portugal, donde el costo de la vida es más bajo. Y en la inmensa mayoría de los casos, la diferencia geográfica de salarios también difiere en cada una de las regiones de un país.

¿Tiene alguna pregunta?: Al final de la entrevista, es común que los entrevistadores pregunten a los candidatos si tienen alguna pregunta. Solo hay una manera correcta de responder esta pregunta: Sí.

Haz preguntas. No temas hacerlas.

¿Cuáles serían mis obligaciones laborales? ¿Qué retos me puede ofrecer este puesto? Cualquier punto que no hayas entendido o que no haya sido explicado, no dudes en preguntar. Al hacerlo, no solo resolverás tus dudas, sino que también te mostrarás como una persona verdaderamente interesada por el puesto y no solamente por la compensación económica.

BIENVENIDO A LA EMPRESA: MÁS DE 200 CONSEJOS PARA ASEGURAR TU CONTRATACIÓN

Por cierto, evita preguntar algo relacionado con un aumento salarial, las prestaciones que recibirás, o la posibilidad de obtener un mejor puesto en un futuro cercano; así como los periodos vacacionales que te corresponden. Esas preguntas manifiestan tus deseos de cubrir únicamente tus necesidades económicas. De modo que será evidente que realmente no te interesa aportar nada a la compañía.

Es muy probable que te hagan alguna o varias de las preguntas que he mencionado. Trata de practicarlas antes del día de tu entrevista. Solo asegúrate de esperar unos segundos antes de contestar. De lo contrario será evidente que has practicado tus respuestas.

Si te hicieran alguna pregunta que no aparece en este libro, lo cual es muy probable, evita tardar demasiado tiempo en contestar. Por regla general, si una persona tarda más de cinco segundos en responder, es un claro indicio de que está construyendo su respuesta. Y para muchas personas, esto es sinónimo de una mentira.

Practica las preguntas que he dejado en este libro. Aunque te recomiendo que encuentres tus propias respuestas, aquellas que se ajusten a tu personalidad, siguiendo siempre las indicaciones que te he dado.

Es importante que entiendas que, cualquiera que sea la respuesta que des cuando te pregunten algo, debe ser una respuesta que seas capaz de demostrar una vez que obtengas el puesto. De lo contrario, corres el riesgo de ser despedido.

Preguntas absurdas

Las preguntas anteriores son utilizadas para conocerte a ti y tus antecedentes académicos y laborales. Sin embargo, en estos días es muy común para los entrevistadores realizar preguntas tan abstractas que llegan a parecer incluso absurdas.

Dichas preguntas tienen dos objetivos: sacarte de tu zona de confort —al haber practicado las respuestas a las posibles preguntas que te harían en tu entrevista— y conocer tu nivel de resolución de problemas.

En la actualidad, las empresas buscan profesionales capaces de solucionar problemas de manera creativa y eficiente. Esa es la razón de las preguntas abstractas. Si puedes responder con ingenio y seguridad a este tipo de preguntas, es muy probable que utilices el mismo ingenio en la resolución de problemas dentro de la compañía.

Estas preguntas son más frecuentes en las empresas de gran innovación tecnológica, como las grandes empresas tecnológicas de Silicon Valley. No suelen ser muy frecuentes en otro tipo de industrias; y ciertamente, son más frecuentes en los Estados Unidos. De hecho, prácticamente todos los reclutadores que me hablaron acerca de ese tipo de preguntas, eran de ese país. Así que si vives fuera de la Unión Americana, las posibilidades de que seas abordado con este tipo de preguntas es baja, aunque no es nula.

Las preguntas abstractas pueden ser tan diversas como las compañías mismas. Te dejo una lista de algunas de las preguntas abstractas de las que tengo conocimiento. Una vez más, estas preguntas vienen de dos fuentes: mi experiencia personal y las entrevistas que realicé.

Por último, no te molestes en buscar una respuesta a las siguientes preguntas, ya que como mencioné, las posibilidades de ser abordado con este tipo de preguntas son escasas. Solo quiero que te des una idea del tipo de preguntas abstractas —y aparentemente absurdas— que algunos reclutadores suelen hacer.

- ¿Cuáles son las tres primeras cosas que hace luego de levantarse?

- ¿Cómo está organizada su bandeja de correo electrónico?

- ¿Cómo está organizada su despensa?

- ¿Cuántas pelotas de tenis caben en un avión/barco/auto?

- ¿Cuál sería tu estrategia para salir de la ciudad en caso de una epidemia zombi?

- ¿Cómo sobrevivirías en caso de ser succionado por un tornado?

- ¿Cómo escaparías de una tormenta si quedas atrapado en medio del mar en un velero?

- Si fueras un animal, ¿qué animal serías? ¿Por qué?

- Si pudieras tener algún súper poder, ¿cuál escogerías? ¿Por qué?

- ¿Qué marca de auto y modelo serías? ¿Por qué?

- ¿Qué harías si te quedara solo un día de vida?

- ¿Cómo sobrevivirías si se cae el avión en el que viajas?

- Si te compararan con un juego de mesa, ¿cuál serías? ¿Por qué?

BIENVENIDO A LA EMPRESA: MÁS DE 200 CONSEJOS PARA ASEGURAR TU CONTRATACIÓN

Resumen de *Preguntas más comunes en una entrevista de trabajo*

- Repasa las preguntas de este capítulo.

- Crea tus propias respuestas siguiendo los consejos que te he dado, pero ajústalas a tu personalidad. Los ejemplos descritos en este capítulo son solo referencias.

- Cuando obtengas el empleo, deberás ser capaz de demostrar las respuestas que diste.

- No te apresures a contestar, de lo contrario será evidente que practicaste tus respuestas. Hacerlo te restará credibilidad.

- En internet existen más ejemplos de posibles preguntas en una entrevista laboral.

- Si te hicieran una pregunta que no has practicado, intenta improvisar.

- Evita tardar más de cinco segundos en contestar. De lo contrario parecerá que mientes.

- Considera que las empresas pueden hacerte preguntas abstractas para despistarte. Trata de ser ingenioso al responderlas. Pero sobre todo, evita ponerte nervioso.

Errores más comunes durante una entrevista laboral

Ya deberías ser capaz de ir a una entrevista laboral sintiéndote seguro de ti mismo. Ya conoces todo lo que debes saber para aumentar las posibilidades de ser contratado. Si has llegado hasta este capítulo, significa que posees una ventaja que los demás aspirantes no tienen: conocimiento.

Ya sabes cómo elaborar un buen currículum. Conoces lo importante que es la imagen y cómo utilizarla a tu favor. Sabes cómo ajustar tu lenguaje corporal y tu actitud. Has aprendido a elaborar una carta de presentación que sea atractiva para el empleador. Te has dado cuenta de lo importante que es conocer la compañía en la que deseas trabajar. Sabes qué tipo de ropa vestir para que te contraten. Te he dado varios consejos útiles para tu entrevista. Sabes cuál es la mejor manera de comportarte durante tu entrevista. E incluso has repasado algunas de las preguntas más comunes que hacen los reclutadores durante una entrevista laboral.

Podría decirse que ya tienes todas las herramientas necesarias para obtener el puesto que deseas, y que en este momento posees una ventaja sobre los demás aspirantes. Aun así, ¿no sería mejor conocer cuáles son los errores más comunes durante una entrevista laboral?

Es posible que después de leer entre las páginas de este libro te hubieras dado cuenta de algunos de los errores que cometiste en el pasado. Errores de los que ahora eres consciente y que podrás evitar en tu próxima entrevista.

Dicen que conocer la historia ayuda evitar repetir los errores del pasado. El problema es que aun cuando hayas cometido algún error en el pasado, es posible que no seas consciente de ello. El orgullo es parte de la naturaleza humana. Y es el mismo orgullo el que nubla el pensamiento crítico; sobre todo cuando se trata de nosotros mismos. Por esa razón he decidido dedicar un capítulo para abordar los errores más comunes de los aspirantes durante una entrevista laboral.

Llegar tarde a la entrevista: La puntualidad es algo muy valioso en cualquier empleo.

¿Quieres que tu primera impresión sea la de alguien irresponsable? Si llegas tarde a una entrevista laboral, es muy difícil que te den otra oportunidad. Trata de llegar con al menos veinte minutos de anticipación. Pero recuerda, no te anuncies sino hasta cinco minutos antes de la cita.

Llegar demasiado temprano a la entrevista: En realidad no es tan malo como parece. Pero llegar con demasiado tiempo de anticipación puede resultar algo incomodo para tu entrevistador o sus asistentes.

Lo ideal es llegar entre quince o veinte minutos antes de la hora programada, pero no anunciarse sino hasta cinco minutos antes de la cita.

Vestir de manera inapropiada: Dediqué varios capítulos sobre el tema, pero lo incluyo a modo de repaso. La imagen es lo más importante para cualquier entrevistador, aunque digan lo contrario.

La imagen que demuestres puede incluso ser más importante que tu currículum. Como te ven, te tratan. O en este caso, como te ven, te contratan. No lo olvides.

Ser descortés: El entrevistador no es la única persona con la que debas quedar bien. Cuando entres al edificio serás abordado por varias personas con diferentes funciones dentro de la empresa. El mero hecho de discutir con el personal de limpieza, por ejemplo, puede ser motivo suficiente para no contratarte.

Uso excesivo de lociones y perfumes: Muchas personas abusan de las lociones y los perfume. Un hábito que resulta molesto para otras personas; y es probable que también lo sea para tu entrevistador. Seas hombre o mujer, lo ideal es utilizar las lociones y los perfumes con moderación. Considéralo un accesorio, no un artículo de aseo personal.

Llevar gafas (lentes) de sol: Las gafas de sol se han convertido en un accesorio de moda, aunque también es cierto que muchos profesionales de la salud, en especial los oftalmólogos, los recomiendan siempre que cuenten con filtro de rayos UV.

Son accesorios realmente útiles para cuidar nuestros ojos de los dañinos rayos del sol. Desgraciadamente, muchas personas no se dan cuenta de que pueden «bloquear» la comunicación entre dos personas. El error no es llevar gafas de sol, sino conservarlos durante la entrevista.

Algunas personas continúan la entrevista con gafas de sol dentro de la oficina. Otras personas optan por colocar sus lentes en la parte superior de la frente, otro error grave.

Puedes llevar lentes de sol de camino a la entrevista, pero lo ideal sería guardarlos una vez que llegues al lugar donde se realizará la entrevista. No los cuelgues en alguna de tus prendas, ni mucho menos sobre tu cabeza. Mantenlos fuera de la vista de tu entrevistador.

No presentarte: Uno de los mayores errores al entrar a una entrevista es olvidar presentarse.

Cuando pases a la entrevista, saluda a tu entrevistador con un apretón de manos firme, manteniendo contacto visual.

Si tu entrevistador es mujer y tú eres hombre, no le extiendas la mano a menos que ella lo haga primero. Si no te extendiera la mano, simplemente saluda mientras asientas ligeramente con la cabeza.

Independientemente del sexo del entrevistador y el tuyo, no saludes con un beso —a menos que él o ella lo haga primero— ni mucho menos con un abrazo.

Olvidar el puesto que estás solicitando: Sé que parece ridículo. Pero lo creas o no, existen aspirantes que olvidan el puesto que están solicitando.

Ya sea porque han buscado diferentes puestos en diferentes empresas, o porque los nervios les han hecho una mala jugada, olvidar el puesto laboral que deseas obtener te hará parecer desinteresado por el mismo.

Hablar demasiado: Hay personas que tienden a hablar demasiado. Personas que ofrecen demasiados detalles aun cuando no le fueron solicitados. Muy típico de las personas deseosas de atención. Y resulta un comportamiento muy molesto para la mayoría de las personas. Y es posible que el entrevistador esté dentro de esa mayoría.

Esto no significa que debas responder con respuestas cerradas, aquellas que detienen el flujo de la conversación y generan silencios incómodos, es decir, respuestas que solo incluyan las palabras «sí» o «no».

Debes preparar un discurso de treinta segundos. Y cuando respondas las preguntas del entrevistador, evita dar más detalles de los necesarios.

Te voy a mostrar un ejemplo.

Si el reclutador preguntara algo como:

—¿Dónde estudiaste y qué fue lo que decidiste estudiar?

Y tú respondieras:

—Estudié 'administración y alta dirección' en la UCLA. **La verdad fue una experiencia maravillosa. ¿Puede creer que es muy fácil hacer amigos ahí? Eso sí, los programas académicos son muy completos, aunque los profesores son algo estrictos. Por algo ha sido considerada una de las mejores universidades en los Estados Unidos.**

Observa la sección en negritas. ¿Crees que esa información era necesaria? ¿Consideras que le es de interés al reclutador?

Si consideras que eres una persona que «habla demasiado», te recomiendo que aprendas a reducir tus palabras.

La próxima vez que hables con alguna persona, toma conciencia de la situación. Trata de analizar tu comportamiento a la hora de hablar. ¿Hablas demasiado? Si es así, intenta practicar cuando hables con las personas.

No hablar lo suficiente: Este error puede parecer contradictorio al anterior, pero te explicaré con más detalle. Al final, te darás cuenta de que no es contradictorio en absoluto.

En el punto anterior expliqué la importancia de no hablar demasiado. Es decir, no decir aquello que no es de interés en ese momento. Este punto, por el contrario, habla sobre la importancia de hablar lo suficiente. Hay una clara diferencia entre demasiado y suficiente.

Es posible que una figura de autoridad, como el entrevistador, pueda resultar intimidante para ti. No te preocupes, no eres el único. Pero esa intimidación que puede generar una figura de autoridad, puede volvernos algo tímidos y retraídos en el momento, independientemente de nuestra verdadera personalidad. Sobre todo cuando sabemos que nuestro futuro laboral está en juego.

Evidentemente, no conocemos a la persona. Y tampoco queremos parecer personas confianzudas e irrespetuosas; ya que, como mencioné en otros capítulos, la imagen y la actitud son de mayor importancia. Y para que no seamos percibidos como personas confianzudas e irrespetuosas, es normal que evitemos hablar de más por el simple miedo de decir algo inoportuno.

El problema es que ese miedo puede llegar a ser tan fuerte que muchas personas responderán con respuestas cerradas, aquellas respuestas que bloquean la fluidez de la conversación y generan silencios incómodos. Es decir, respuestas monosilábicas que por lo general resultan en un «sí», o un «no».

He mencionado en un capítulo y en el punto anterior, la importancia de realizar un discurso de treinta segundos. Es una manera muy efectiva de romper cualquier barrera de comunicación y confianza entre el entrevistador y tú. Si eres capaz de hacer un buen discurso de treinta segundos, supongo que no tendrás ningún problema de comunicación.

A manera de reforzar lo que he explicado, te dejaré un ejemplo para que lo entiendas mejor.

Imagina que tu entrevistador te pregunta:

—¿Qué era lo que hacías en tu trabajo anterior?

Y tú respondes:

—Era gerente general.

En este caso, el entrevistador realmente quería que describieras tus responsabilidades en aquel puesto, quería que fueras un poco más específico.

Una mejor respuesta hubiera sido:

—Era el gerente general de la sucursal. Me encargaba del desempeño de los empleados y la satisfacción de los clientes.

Promovía campañas internas de motivación del personal. También desarrollé algunas estrategias publicitarias a nivel regional, con lo que logré aumentar considerablemente los ingresos en esa sucursal.

A diferencia del error anterior, toda la información que expuso el aspirante en este ejemplo fue pertinente a la pregunta realizada por el empleador. La respuesta carece de cualquier vacilación impertinente. Eso es lo que significa «hablar lo suficiente». Significa enriquecer la respuesta con los detalles más pertinentes pero sin llegar al titubeo.

Uso del teléfono móvil (o cualquier otro dispositivo): No hay nada más molesto que ser ignorado. Y es algo que el entrevistador, o tu futuro empleador, no tolerará.

No contestes ni realices ninguna llamada durante la entrevista. No contestes ningún mensaje de texto. De hecho, antes de entrar a tu entrevista deberías apagar cualquier dispositivo móvil. Sí, apagarlo. No lo pongas en vibrador o modo avión. Si estás utilizando un dispositivo Bluetooth, apágalo y mantenlo fuera de la vista del entrevistador. Llevar un dispositivo Bluetooth en la oreja no te hará parecer más importante, pero sí te hará parecer más engreído y desinteresado por el empleo.

Interrumpir la entrevista para atender una llamada, o contestar un mensaje de texto, es un claro indicador de que no eres una persona que capaz de ordenar sus prioridades; una razón suficiente para no contratarte.

Si tu teléfono suena durante la entrevista, al entrevistador no le importará en lo más mínimo si olvidaste apagarlo. Inmediatamente arruinarás tu imagen ante el entrevistador.

Ingresar a la entrevista con alimentos y/o bebidas: En un capítulo hablé sobre la importancia de tomar un buen desayuno antes de ir a la entrevista.

Muchos aspirantes cometen el error de saltar el desayuno y deciden comprar algún emparedado (sándwich) o bollo de pan, o llevar algo de fruta consigo; además de comprar alguna bebida, generalmente café.

El inconveniente llega cuando nos toca entrar a la entrevista y decidimos ingresar con alimentos y/o bebidas. No solo proyectarás una imagen de ineficiencia en la administración de tu tiempo, sino que además causarás una muy mala impresión —o mejor dicho, molestia— al «impregnar» esos aromas en el ambiente de la oficina.

Lo mismo aplica para cualquier caramelo, en especial las gomas de mascar. La goma de mascar es utilizada con frecuencia por personas que se preocupan obsesivamente por su aliento, o por personas que sufren de ansiedad.

Masticar una goma de mascar te ayudará a disolver los nervios, pero no es una buena idea ingresar a la entrevista con la goma de mascar aún en la boca. Si crees que la goma de mascar te ayudará a controlar la ansiedad mientras esperas el momento de ingresar a la entrevista, no olvides deshacerte de ella antes de entrar a la entrevista.

No prepararse para responder las preguntas: Uno de los mayores errores de los aspirantes es pretender que podrán improvisar cada una de las preguntas que el entrevistador realice. Cuando el aspirante no anticipa las preguntas que le harán, el riesgo de ser presa de los nervios aumenta considerablemente. Eso hace que tardes más tiempo en responder y con ello, también corres el riesgo de contradecirte a ti mismo en las siguientes preguntas.

Utilizar soportes para contestar las preguntas: Muchas personas utilizan soportes —notas— cuando tienen que exponer algún tema. Es un hábito que acarrean desde sus años de estudiantes. Un hábito que no está bien visto en una entrevista laboral.

Si no pudiste repasar las preguntas, o las has olvidado, no utilices notas o tarjetas de ayuda.

Tal vez este te parezca un consejo absurdo. Pero créeme, existen personas que han intentado utilizar algún tipo de soporte para contestar las preguntas. Y el resultado siempre es negativo.

No cuidar tu lenguaje corporal y tu actitud: Muchos aspirantes creen que al elegir prendas finas y vestir de manera apropiada, serán inmediatamente contratados. El problema es que no reparan en su lenguaje corporal y su actitud.

Recuerda que la imagen es más que simplemente seleccionar las prendas adecuadas. Puedes vestir con prendas de lujo que favorezcan tu tipo de cuerpo y tono de piel. Pero aun así, si tu actitud no es la adecuada, tu imagen será negativa. Asegúrate de cuidar tu postura y tu actitud. Asegúrate de que tu postura y lenguaje corporal manifieste el mensaje que realmente deseas comunicar.

Dediqué un capítulo completo sobre este tema. Si lo has olvidado, te recomiendo repasarlo.

Ir a la entrevista con mal aspecto: Asegúrate de no ir a la entrevista cuando estés enfermo. Ni mucho menos cuando tengas alguna resaca. O peor aún, estando cansado o somnoliento.

Entrevistar a alguien enfermo puede resultar algo molesto y desagradable para la gran mayoría de los entrevistadores; en especial al estrecharles la mano. Por otro lado, si acudes a la entrevista cansado, o peor aún, con resaca, serás inmediatamente percibido como alguien poco confiable para trabajar en la compañía.

Generalmente las citas son asignadas por el personal de recursos humanos. Y en muchas ocasiones no te preguntarán qué día prefieres ir. Y si por caprichos de la vida te enfermaras ese día, puede que no todo esté perdido.

Si amanecieras con gripe el día de tu entrevista, opta por vestir una camisa o blusa en color azul, de preferencia en color celeste. Tendemos a asociar al color azul con la limpieza. Por esta razón las empresas que comercializan detergentes y otros artículos de limpieza, suelen hacerlos de ese color. Además de hacerte parecer más «limpio», el color azul puede hacerte parecer más sincero y confiable. Es sin duda, la mejor opción que puedes tomar si desafortunadamente amanecieras enfermo el día de tu entrevista y no pudieras cambiar la fecha.

Llevar a otras personas contigo: Un error poco común, pero igualmente un error.

Evita llevar a otras personas a la entrevista, en especial si se trata de niños. Recuerda que la entrevista es personal, no grupal.

Olvidar información básica: Asegúrate de poder recordar la información básica sobre tu formación y tu pasado laboral; así como recordar cuál es el puesto que deseas obtener.

Asegúrate de recordar el nombre de tus jefes anteriores, los nombres de las empresas en la que laboraste y sobre todo, el puesto que deseas obtener en la nueva empresa. Parece increíble, pero algunos aspirantes olvidan cuál es el puesto que desean cubrir justo en el momento en el que el entrevistador les hace la pregunta.

No conocer lo suficiente acerca de la compañía: Este es quizá el error más común entre los aspirantes. Ir a una entrevista laboral —a una empresa en la que desean laborar— y no saber absolutamente nada acerca de la empresa.

En este libro he hablado en más de una ocasión sobre la importancia de conocer la compañía en la que deseas entrar a trabajar. Estar informado acerca de la compañía no solo mejorará tu confianza durante la entrevista, sino que también te permitirá ajustar tu currículum al perfil que busca la empresa; lo que aumentará tus posibilidades de obtener una cita para una entrevista y muy probablemente el empleo.

No llevar copias de tu currículum o listas de referencias: Muchos aspirantes dan por hecho que el entrevistador ha leído su currículum. La realidad es que son los responsables de recursos humanos quienes agendan las citas con el empleador. Y es posible que el empleador no haya leído tu currículum a detalle.

Asegúrate de llevar varias copias de tu currículum, con la mejor presentación posible, así como algunas copias de tus listas de referencias. Es posible que te sean solicitadas algunas copias al final de la entrevista.

Hablar mal de los otros aspirantes: Evita hablar mal de los otros aspirantes. Hablar mal de los demás aspirantes no aumentará tus posibilidades de ser contratado. De hecho, solo le harás saber al entrevistador que eres una persona que no conoce el significado de la palabra ética.

Hablar mal de tus jefes anteriores: El entrevistador no es un psicólogo, así que no intentes descargar en él o ella las frustraciones que tengas sobre tu anterior jefe. De hecho, al hablar mal acerca de tu jefe anterior, el entrevistador solo será capaz de ver que eres una persona desleal y conflictiva.

Hablar mal de la empresa en la que trabajaste anteriormente: Una vez más, no intentes descargar sobre tu entrevistador las frustraciones que tengas sobre el trabajo que tuviste en la última empresa en la que trabajaste. Solo te estarás mostrando como una persona desleal.

Mostrarte indiferente ante cualquier aspecto de la compañía: Evita mostrarte indiferente o en contra de cualquier aspecto de la compañía. No critiques el logotipo de la empresa, su filosofa, sus valores, el ambiente laboral...

Mostrarte indiferente ante cualquier aspecto de la compañía, manifiesta que eres una persona que carece de flexibilidad para adaptarse. Si tienes alguna sugerencia para la empresa, lo mejor es esperar hasta que hayas sido contratado.

Quejarse: Ya sea de tu anterior jefe, de tus compañeros de trabajo, de la empresa anterior, del sistema de transporte de la ciudad, de tu situación laboral actual, de lo que sea. No te quejes. A nadie le gusta una persona quejosa. Y menos a tu entrevistador.

No hacer contacto visual con el entrevistador: Al evitar el contacto visual solo te estás mostrado como alguien sumiso. O peor aún, el entrevistador podría verte como un mentiroso.

La falta de contacto visual no significa que alguien está mintiendo. De hecho, solo se trata de un mito. Pero desgraciadamente la mayoría de las personas aceptan ese mito como un hecho. Y muchas personas se aferran a creer que una persona que no hace contacto visual es un mentiroso. Es mejor evitar cualquier riesgo y hacer contacto visual con el entrevistador.

Asegúrate de mantener contacto visual con el entrevistador a lo largo de la entrevista, pero asegúrate de no parecer amenazante. Revisa los capítulos anteriores para más información.

Tics nerviosos y «comportamientos de mal gusto»: Jugarse el cabello, morderse las uñas, chiflar, mover los pies y las piernas de forma nerviosa, jugar con las manos, tronarse los dedos y cualquier otro comportamiento que pueda ser percibido como de «mal gusto» debería ser evitado.

No sonreír: Muchas personas no sonríen durante la entrevista. Por otro lado, algunos incluso tienden a sonreír más de lo que deberían.

En la mayoría de las culturas, la sonrisa significa estar en la mejor disposición para negociar. Al sonreír establecemos un vínculo emocional de empatía, lo cual será muy benéfico para el aspirante. Lo recomendable es sonreír cuando saludamos a cualquier persona dentro de la compañía o cuando nos presentamos con el entrevistador.

La sonrisa es un excelente recurso para causar una buena primera impresión, pero no se debe abusar de este recurso. Si sonríes en exceso podrías parecer nervioso o peor aún, podrías causar una imagen propia de un psicópata.

Mostrarte desesperado por el empleo: Algunos aspirantes cometen el error de decirle al entrevistador que necesitan el empleo, o peor aún, que necesitan el dinero para pagar las deudas.

Si te muestras desesperado por obtener el empleo, resultará obvio para el entrevistador que solo estás interesado por tu situación económica y que no te interesa la empresa en lo más mínimo.

BIENVENIDO A LA EMPRESA: MÁS DE 200 CONSEJOS PARA ASEGURAR TU CONTRATACIÓN

Evita parecer desesperado por el empleo. Pero sobre todo, evita mencionar que necesitas el empleo y el dinero.

Escribí sobre este tema en otros capítulos. En caso de no recordarlo, te recomiendo revisarlos

Abusar del sentido del humor: Si bien es cierto que el buen humor puede generar empatía y buena disposición en los demás, también es cierto que no es bueno abusar del sentido del humor. Y mucho menos en una entrevista laboral.

Evita reírte en momentos poco oportunos. Y sobre todo, no hagas bromas innecesarias. Recuerda que estás en una entrevista laboral, no en una reunión con tus amigos.

Interrumpir al entrevistador cuando habla: Algunas personas son muy impacientes cuando se trata de contestar alguna pregunta. Contestan preguntas aun cuando la persona que está haciendo la pregunta no ha terminado de hablar. Un error muy grave.

Por nada del mundo interrumpas al entrevistador cuando hable. El entrevistador está prestando atención cuando tú estás hablando, así que deberías hacer lo mismo. No le interrumpas cuando habla. No te lo perdonará.

No prestar atención al entrevistador cuando habla: Por increíble que parezca, algunos aspirantes tienden a divagar durante la entrevista laboral. Algunos incluso no prestan atención a las preguntas que hace el entrevistador.

Un empleador de Manhattan me comentó que ha entrevistado a varios aspirantes que siempre pedían que les repitieran la pregunta.

—¿Cómo es posible que me hagan repetir una pregunta que he pronunciado hace un par de segundos?

Sinceramente no lograba creerlo cuando me lo dijo. Pero es cierto. Algunos aspirantes no prestan la suficiente atención a las preguntas de la entrevista.

Presta mucha atención a las palabras del entrevistador. De lo contrario, se dará cuenta de que eres una persona carente de concentración. Y en ese caso, puedes estar seguro de que no te darán el empleo.

No tener preguntas: Es muy común que al finalizar la entrevista, el empleador te pregunte si tienes alguna duda. Y también es muy común que los aspirantes respondan que no tienen dudas.

Un especialista en recursos humanos en Atlanta me dijo: "Si un aspirante desea trabajar en una empresa, tendrá algunas dudas respecto al puesto que está solicitando, el ambiente laboral, o sobre la empresa. Si no le interesa verdaderamente el puesto, es decir, si solo le interesa el trabajo para salir de sus problemas financieros, entonces no tendrá dudas. Solo buscará un trabajo por dinero, sin importarle nada más".

Aun si no te preguntaran si tienes alguna duda al final de la entrevista, lo recomendable es hacer preguntas acerca de aquellos puntos que no hayan quedado claros. Se trata de hacer preguntas sobre el puesto laboral, el ambiente laboral, las obligaciones que tendrás dentro de la compañía, y cualquier otro tema pertinente.

Evita hacer preguntas relacionadas con un posible aumento salarial, periodos vacacionales, beneficios laborales, aumento de rango dentro de la compañía y cualquier otra pregunta que pueda delatar cualquier deseo egoísta ante la empresa.

No agradecer al terminar la entrevista: Muchas personas salen de la oficina del entrevistador sin agradecer por tiempo que este se ha tomado para entrevistarles. Cuando un aspirante no agradece el tiempo que el entrevistador invirtió en él o ella, esa persona será considerada como antipática, grosera y con complejo de superioridad; aspectos poco deseables en los trabajadores de cualquier empresa.

Cuando termine la entrevista, ponte de pie y agradece al entrevistador por su tiempo. Despediste del entrevistador con un apretón de mano firme y una sonrisa.

Salir de la oficina con prisa y con una postura abatida: Cuando la entrevista ha finalizado, muchos aspirantes salen de la oficina con prisa. Y en el peor de los casos, con una postura abatida.

Aun cuando la entrevista haya finalizado, te siguen evaluando. Muéstrate seguro al salir de la oficina, e incluso del edificio. Mantén una postura erguida y camina hacia la salida sin prisa alguna. De esta manera, estarás mostrándote como una persona que demuestra seguridad y confianza en lo que hace. Una persona digna para el trabajo que está solicitando.

Resumen de *Errores más comunes durante una entrevista laboral*

IMPORTANTE

A diferencia de los resúmenes de cualquier otro capítulo de este libro, este resumen no contiene una lista de consejos. No tomes esta lista como una serie de consejos, sino como una lista de los errores más comunes en una entrevista laboral. Errores cuya explicación encontrarás en este capítulo.

Asegúrate de leer a detalle la explicación de cada uno de los errores mencionados en este capítulo. Si saltas el capítulo, corres el riesgo de malinterpretar los errores mencionados en esta lista.

- Llegar tarde a la entrevista.
- Llegar muy temprano a la entrevista.
- Vestir de manera inapropiada.
- Ser descortés.
- Uso excesivo de perfumes.
- Llevar lentes de sol.
- No presentarte.
- Olvidar el puesto que estás solicitando.
- Hablar demasiado.
- No hablar lo suficiente.
- Uso del teléfono móvil —o cualquier otro dispositivo móvil—.

BIENVENIDO A LA EMPRESA: MÁS DE 200 CONSEJOS PARA ASEGURAR TU CONTRATACIÓN

- Ingresar a la entrevista con alimentos y/o bebidas.
- No prepararse para responder las preguntas.
- Utilizar soportes para contestar las preguntas.
- No cuidar el lenguaje corporal y la actitud.
- Ir a la entrevista con mal aspecto.
- Llevar a otras personas contigo.
- Olvidar información básica.
- No conocer lo suficiente acerca de la compañía.
- No llevar copias de tu currículum o listas de referencia.
- Hablar mal de los otros aspirantes.
- Hablar mal de tus jefes anteriores.
- Hablar mal de la empresa en la que trabajaste anteriormente.
- Mostrarte indiferente a cualquier aspecto de la compañía.
- Quejarse.
- No hacer contacto visual con el entrevistador.
- Tics nerviosos y «comportamientos de mal gusto».
- No sonreír.
- Mostrarte desesperado por el empleo.
- Abusar del sentido del humor.
- Interrumpir al entrevistador cuando habla.
- No prestar atención al entrevistador cuando habla.
- No tener preguntas.
- No agradecer al terminar la entrevista.
- Salir de la oficina con prisa y con una postura abatida.

Opiniones e historias increíbles de los reclutadores

Cuando realicé las entrevistas a los profesionales de reclutamiento, cuyos consejos fueron de gran utilidad para la realización de este libro, me encontré con algunos comentarios que me causaron gracia y cierto escepticismo. En algunos casos no podía creer lo que me decían. Después de todo, algunas de esas historias eran tan absurdas que ciertamente, no podía creerlas.

Decidí incluir algunos de aquellos comentarios y anécdotas en este libro. Considero que te podrían ser útiles, o por lo menos, te ayudarán a evitar los mismos errores.

Imagen y actitud

"Estuve esperando al aspirante por media hora. Cuando llegó, se disculpó por haber llegado tarde. No podía creer lo que estaba mirando. Vestía un pantalón negro y una camisa de manga larga de color blanco. La camisa estaba tan empapada de sudor que parecía transparente. Siendo honesta, tuve que aguantar las ganas de lanzar una carcajada. ¿Cómo pudo pensar que me causaría una buena impresión? Le concedí la entrevista, aunque solo fue un acto de cortesía. En realidad, nunca pensé darle el puesto después de verlo empapado de sudor".

Alicia Gutierrez, gerente de recursos humanos. Guadalajara, México.

"Un día recibí a un chaval (joven, muchacho) bien vestido, pero con un olor corporal muy fuerte. Le dije que no podía entrevistarle hasta que no tomara una ducha. Desgraciadamente, no existe una forma cortés de informarle a alguien que su olor corporal es muy fuerte. Nunca regresó".
Sofía Villarreal, subgerente. Barcelona, España.

"No me importa cuál sea tu personalidad. Si no bienes bien vestido, no pienses que obtendrás el empleo. Y puedo casi asegurarte que todos los empleadores piensan igual que yo".
Marco Ferrari, gerente. Nueva York, Estados Unidos.

"Justamente ayer, llegó un joven a su entrevista de trabajo. Llegó con una ramera (camiseta) de fútbol y no se había arreglado el pelo. Me negué a entrevistarlo".
Gerardo Urbini, gerente. Buenos Aires, Argentina.

"Hay aspirantes que llegan «bañados» en perfume. ¿Acaso no pueden tomar una ducha? Cuando llega alguien con demasiado perfume, solo quiero que acabe la entrevista para poder tomar un respiro. Posiblemente ni siquiera prestaré atención".
Gerald Blanc, recursos humanos. Bruselas, Bélgica.

"Un día llegó un joven a su entrevista. Vestía un traje negro, camisa blanca, corbata roja y... ¡unos tenis blancos! Mi asistente, quien estaba dentro de la oficina, no pudo contener la risa. Y aunque trate de mantener la discreción, su risa fue contagiosa. El joven mostró un gesto de vergüenza y se retiró a los pocos segundos".

Michael Johnson, gerente de recursos humanos. Nueva York, Estados Unidos.

"Creo que la peor impresión me la dio una joven con vestimenta oscura y aspecto gótico. Tenía varias perforaciones en el rostro. Tenía tres perforaciones en la oreja derecha, una en la nariz, una en el labio inferior y una más en una ceja. Tenía unas mechas color rosa en su cabello negro y sus ojos estaban maquillados con el mismo estilo gótico. Honestamente me asustó un poco".

Rachel O'Brian, recursos humanos. Los Ángeles, Estados Unidos.

"Muchas personas no lo saben, pero las habilidades sociales son una de las cosas que buscan todas los empleadores. La mayoría de las empresas preferirán a alguien con buenas habilidades sociales antes que a una persona con buenas credenciales pero carente de habilidades sociales. Los clientes se sienten más a gusto con aquellas personas que demuestran tener habilidades sociales. Y ese tipo de empleados nos resultan más productivos en el área de ventas".

Eric Anderson, gerente. Sídney, Australia.

BIENVENIDO A LA EMPRESA: MÁS DE 200 CONSEJOS PARA ASEGURAR TU CONTRATACIÓN

"Los empleados son el rostro de una empresa, ya que ellos son los que tratan directamente con los clientes. Por lo tanto, la imagen y actitud que tienen ante los clientes es lo más importante para mí".
Kevin Marc, gerente. Chicago, Estados Unidos.

Entrevistas

"He visto muchas cosas desde que soy gerente. Pero creo que lo más absurdo que he visto en esta oficina fue a una aspirante que vino con su novio a la entrevista. Cuando le pedí a su novio que saliera, ella me dijo que lo había traído para que le ayudara con las preguntas que no fuera capaz de entender, es decir, era su traductor. Le pregunté si hablaba en serio. La convocatoria especificaba que necesitábamos a alguien competente en idioma inglés".
Germán Hernandez, gerente. Santiago, Chile.

"En una ocasión, una aspirante me pidió que me diera prisa porque su mejor amiga la estaba esperando en el centro comercial para ir a desayunar. Le dije que no me hiciera perder mi tiempo".
Álvaro Montez, recursos humanos. Monterrey, México.

"Me molesta cuando alguien me hace preguntas sobre la compañía. ¿No conocen internet? Si están buscando un empleo en esta empresa, se supone que es porque han investigado acerca de ella".

Joan Walden, gerente de recursos humanos. Mountain View, Estados Unidos.

"Apaga tu teléfono antes de entrar a mi oficina. En serio ¡Apágalo! Nada me molesta más que el sonar de un teléfono durante una entrevista. Es de mala educación".

Greg Schulz, gerente. Nueva York, Estados Unidos.

"Si alguien viene y me va a hablar mal de su jefe anterior o de la compañía en la que trabajó; y peor aún, va a venir a quejarse de sus problemas, mejor que no me haga perder el tiempo. En lugar de buscar un empleo, le recomendaría buscar un terapeuta".

Peter Arlington, recursos humanos. Liverpool, Reino Unido.

"Le hice una pregunta a un aspirante y me dio una respuesta extraña: 'No lo sé. ¿Pudiera pasar a la otra pregunta?'. Quedé perpleja ante su actitud".

Mariana Alcántara, recursos humanos. Medellín, Colombia.

"Todas las personas que entran a mi oficina creen que son los mejores en lo que hacen. En realidad, tengo varias opciones de donde escoger. Y nadie es bueno en nada hasta que demuestre su productividad dentro de esta empresa".

BIENVENIDO A LA EMPRESA: MÁS DE 200 CONSEJOS PARA ASEGURAR TU CONTRATACIÓN

Alex Smith, gerente. Houston, Estados Unidos.

"Creo que la peor impresión me la llevé cuando uno de los aspirantes entró a la oficina con un plato de tacos. Estaba comiendo mientras esperaba su turno. Impregnó toda la oficina con olor a comida frita. Le pedí que se retirara. Fue lo más asqueroso que alguien ha hecho en esta oficina. Aunque ahora que lo recuerdo, me da un poco de risa".

Félix Montenegro, gerente. Ciudad de México.

"Hace un par de años, uno de los aspirantes me pidió que me apurara con la entrevista porque quería ver los partidos del mundial. Obviamente, lo consideré una falta de respeto".

Rubén Martolini, recursos humanos. Montevideo, Uruguay.

Currículum
"En una ocasión recibí un currículum de seis páginas. Me dio flojera leerlo. Los aspirantes deberían saber que si el currículum es demasiado extenso, irá directo a la basura. Tenemos muchos documentos que revisar y muchos de ellos son de mayor prioridad".

José Gutierrez, recursos humanos. Ciudad de México.

"Hace unos años recibí un currículum donde el aspirante detallaba toda su información académica. Literalmente, ¡toda su información académica! Desde su educación preescolar hasta la universidad. También había incluido todos sus trabajos anteriores, incluso sus pequeños trabajos de cuando era niño. Me divertí tanto al leerlo que leí las diez páginas por completo. Pero como consejo, creo que un currículum no debería pasar de dos páginas".

Marie Leblanc, recursos humanos. Quebec, Canadá.

"En realidad, solo leo el currículum si la carta de presentación me parece interesante".

Erica Paige, recursos humanos. Seattle, Estados Unidos.

"Si vas a enviar tu currículum por correo electrónico, no lo marques con prioridad urgente. Solo lograrás que te veamos una molestia".

Marco Panetta, gerente de recursos humanos. Zúrich, Suiza.

"Los aspirantes deberían saber que el idioma inglés ya no es algo opcional. Es un requisito".

Philip Müller, recursos humanos. Fráncfort, Alemania.

"Los aspirantes deben saber que los vamos a juzgar con base en su dirección de correo electrónico. Si utilizan algún nombre alusivo o irónico en su correo electrónico, ten por seguro que no serán contratados. Imagina que uno de mis clientes reciba una tarjeta de presentación de alguno de mis empleados con un correo electrónico ridículo como sexyman@mail.com. Es totalmente ridículo. ¿Qué no saben que su nombre es su propia marca?"

Joe Stephen, gerente del departamento de ventas. Boston, Estados Unidos.

"Cuantos más idiomas habla el aspirante, más me convenzo en contratarlo".

Angelica Rossi, recursos humanos. Ginebra, Suiza.

"Si alguien incluye sus redes sociales en su currículum, ten por seguro que las vamos a revisar para conocer mejor su verdadera personalidad".

Anne Carlton, recursos humanos. Londres, Reino Unido.

"Hace una semana recibí un excelente currículum. Quedé impresionado con las credenciales y la experiencia laboral del aspirante. Pero había un problema. Olvidó incluir sus datos de contacto".

Richard Liang, gerente. Singapur.

"El peor currículum que he recibido fue uno que había sido impreso en hojas de colores. Había sido escrito con una tipografía

con letras raras e ilegibles. Ni siquiera lo leí. Busco a personas profesionales, no a gente inmadura".
Carla Asunción, gerente. Ciudad de Panamá.

Comportamiento
"No discutas con nadie. Todo queda registrado por las cámaras de seguridad. Y los jefes no quieren personas conflictivas dentro de la empresa".
Gabriela Díaz, asistente gerencial. Miami, Estados Unidos.

"No confío en nadie que juegue con sus manos. Me contagia sus nervios".
Carlos León, recursos humanos. Madrid, España.

"Compórtate como un adulto. De lo contrario, descartaremos tu currículum de inmediato".
Josefina Martí, recursos humanos. Buenos Aires, Argentina.

"No me gusta que los aspirantes me den palmadas en el hombro o sobre la espalda. No somos amigos, ni siquiera los conozco. Deberían ser más respetuosos".
Mario Palmer, gerente. San José, Costa Rica.

"Puedes vestir de manera elegante. Pero si tu comportamiento no es congruente a tu vestimenta, entonces no engañas a nadie".
Antony Cartman, consultor. Los Ángeles, Estados Unidos.

"Una vez llegó un joven saludando a todos como si hubiesen sido amigos de toda la vida. Obviamente intentaba ser social. Pero era obvio que carecía de habilidades sociales. Todas las personas a las que saludaba, incluyéndome, mostrábamos cierta suspicacia ante su extraño comportamiento".
Marc Stephan, recursos humanos. París, Francia.

"Una cosa es ser social y otra, muy diferente, es ser fastidioso".
Gisselle Kurtz, gerente. Fráncfort, Alemania.

"No entiendo por qué los aspirantes intentan engañarnos. Hemos escuchado a varios otros antes que a ellos. Ya conocemos todos los engaños posibles".
Ashton Clever, consultor. Calgary, Canadá.

Conclusión y consejos finales

Después de leer este libro, es posible que te hayas dado cuenta de un sin número de errores que habías cometido en el pasado. Errores que quizá te costaron la oportunidad de obtener algún empleo en el pasado.

Ahora que has leído este libro, tienes las herramientas suficientes para encontrar un empleo y ser contratado. Ahora sabes cómo manipular las probabilidades a tu favor. Posees una ventaja superior ante los demás aspirantes, quienes se muestran ignorantes ante los conocimientos que has adquirido con la lectura de este libro.

Mi mayor deseo, estimado lector, es que logres encontrar un empleo que realmente te apasione; un trabajo al que puedas ir con ímpetu y no con un sentimiento de obligación. Aunque siendo honestos, entre tú y yo, creo que lo que más te motiva al momento de solicitar un empleo es el salario que recibirás. Y no puedo culparte, nadie puede. Después de todo necesitamos dinero para sobrevivir. Y una manera segura de obtener dinero de forma constante es mediante un empleo.

Sé que encontrar un buen trabajo hoy en día se ha convertido en una tarea muy difícil. Pero confío en que, con la ayuda de los consejos que te he dado en este libro, puedas obtener ese empleo que estás buscando.

Si logras encontrar un trabajo en el que te sientas a gusto, un trabajo que verdaderamente ames, o por lo menos, un trabajo que te saque de tus problemas financieros o que tan solo te ayude a mejorar tu situación económica; si tan solo este libro te ayudó a encontrar un trabajo, creo que habré cumplido exitosamente mi misión: ayudar a las personas a mejorar su situación laboral.

Espero que después de leer este libro hayas recuperado la confianza para enfrentar otra entrevista laboral. Espero que a partir de hoy comiences a olvidar todos los contratiempos que tuviste en el pasado. Quisiera que comiences a recuperar la confianza en ti mismo.

Sinceramente espero que logres todos tus objetivos laborales. Eso fue lo que me inspiro a escribir este libro en primer lugar. Y nada me haría más feliz que saber que puede ayudar por lo menos a una persona con la elaboración de este libro. Y que gracias a mí, al menos una persona tiene una preocupación menos en su vida.

Pero también tengo que ser totalmente honesto contigo.

Es posible que no seas la única persona en leer este libro. De hecho, si alguien te recomendó este libro, significa que por lo menos otra persona lo ha leído, y por lo tanto, sería muy ingenuo de tu parte pensar que serás la única persona que podría beneficiarse con la lectura de este libro.

Lo que quiero decir es que otras personas también contarán con las mismas herramientas que tú has obtenido con la lectura de este libro. Y si tienes la suerte de leer este libro a las pocas semanas de su lanzamiento, puedes estar seguro de que mantendrás una ventaja superior ante los otros aspirantes.

Pero si has leído este libro tiempo después de su salida al mercado, es muy probable que otras personas además de ti estén utilizando los mismos conocimientos que tú has adquirido.

Entonces, si muchas personas además de ti han leído este libro, ¿eso significa que ya no puedes tener una ventaja sobre los demás aspirantes? La respuesta, estimado lector, es un afortunado «no».

Aun cuando otras personas hayan leído este libro antes que tú, todavía puedes tener una ventaja adicional sobre ellas.

Te daré algunos consejos finales que te serán de gran ayuda para mantener una ventaja ante los demás aspirantes. Y a diferencia de la mayoría de los consejos que te he dado hasta ahora, los consejos finales dependen únicamente de ti. Y esa es la razón por la cual no importa cuántas personas lean estos consejos, porque cada persona los tomará de manera individual de acuerdo con su estilo de vida. Y así, cada persona que tome estos consejos, forjará su propia ventaja de manera personal.

Todos los consejos que te daré a continuación son para que puedas mejorar tu reputación ante cualquier empleador. Y en caso de una crisis y su consecuente reducción de personal, puedas sobrevivir a ella.

Actualízate constantemente

El primer consejo que puedo darte es que te mantengas actualizado. Si eres administrador, actualízate con los nuevos sistemas administrativos. Si eres abogado o contador, actualízate con las últimas reformas legales y fiscales de tu país de residencia. Si eres diseñador gráfico, actualízate con las nuevas tecnologías en diseño. Si eres diseñador de modas, actualízate con las nuevas tendencias. Sin importar lo que hayas estudiado o la carrera que ejerzas, actualízate lo más que puedas. El simple hecho de que hayas terminado de asistir al colegio, no significa que tengas que dejar de estudiar y acumular conocimiento.

BIENVENIDO A LA EMPRESA: MÁS DE 200 CONSEJOS PARA ASEGURAR TU CONTRATACIÓN

Muchas personas creen que al salir de la universidad dejan de ser estudiantes. Pero son justo esas personas quienes se van quedando atrás en la vida. Porque al no acumular más conocimiento del que obtuvieron en la universidad, esas personas comienzan a convertirse en personas mediocres a lado de aquellas personas que se actualizan y acumulan más conocimiento con el paso del tiempo.

No estoy sugiriendo que regreses a la universidad, pero puedes intentar aprender cosas nuevas para mantenerte actualizado. Recuerda que cuando eras estudiantes había muchas otras personas estudiando en las mismas aulas, y que además cada año egresan más graduados. Esto aumenta la demanda de empleos, pero las ofertas casi nunca aumentan. Y si dejas de cultivarte, habrá personas más preparadas que tú buscando los mismos puestos que deseas cubrir. Y serán las personas más valiosas, aquellas con mayor conocimiento, las que se queden con los puestos de trabajo disponibles.

Es posible que intentes excusarte diciendo que no tienes tiempo. Pero te haré una pregunta. ¿Cuánto tiempo pierdes viendo la televisión o navegando en internet sin hacer algo productivo? Sé consciente de ello. Y considera por un momento que todo ese tiempo que desperdicias frente al televisor o el ordenador, bien podrías invertirlo en leer un libro o tomar un tutorial que te permita aumentar aún más tus conocimientos.

Para mantenerte actualizado y aumentar tus conocimientos, puedes leer libros durante tu tiempo libre. También podrías tomar algún tutorial o inscribirte en algún diplomado. Ni siquiera necesitas salir de tu casa. Hoy en día existen muchas ofertas de diplomados y cursos en línea. En la actualidad, quien no aprende algo nuevo, es porque no quiere. También podrías considerar asistir a talleres y conferencias. Es una excelente manera de mantenerte actualizado.

Recuerda que todo lo que aprendas puede aumentar el valor de tu currículum. Y no olvides que no fuiste la única persona que asistió a la universidad. Cada año egresan miles de graduados, pero las ofertas laborales no suelen aumentar, lo que aumenta el desempleo y la competencia por los puestos laborales existentes. Y el aprendizaje constante te dará una mayor ventaja competitiva sobre todas aquellas personas que dejan de estudiar al salir de la universidad.

En la actualidad, estar actualizado con las nuevas tecnologías es una de las habilidades que más valoran las empresas.

Existe una razón por la cual muchas empresas comienzan a enfatizar la prioridad por el talento joven. Y se trata justamente sobre el manejo de las nuevas tecnologías. Aun si eres joven, recuerda que el mundo tecnológico avanza cada vez más a pasos agigantados; por lo que sería buena idea no subestimar tu necesidad de actualización con las nuevas tecnologías.

Aprende cosas nuevas

Mi siguiente consejo es muy similar al anterior: aprende cosas nuevas.

Aprender significa descubrir nuevas posibilidades. Cuanto más conocimiento adquieras, más productivo te vuelves.

Desgraciadamente, cuando las personas estudian una carrera, solo se centran en ella y se muestran indiferentes a otras áreas. Si estudiaste medicina, es posible que solo leas sobre nuevos medicamentos; así como nuevos instrumentos y tecnologías quirúrgicas y todo lo relacionado con tu carrera. Pero

BIENVENIDO A LA EMPRESA: MÁS DE 200 CONSEJOS PARA ASEGURAR TU CONTRATACIÓN

¿por qué no aprender sobre administración? O quizá contabilidad o relaciones públicas.

¿Te imaginas lo valioso que serias para el hospital, si aparte de tus obligaciones como médico, pudieras ser útil en el departamento administrativo, o como portavoz del hospital? Puede que incluso te ubiquen en otro departamento, y con un mejor salario.

No estoy hablando de volver a estudiar otra carrera. Hablo de enriquecer tus conocimientos generales en tus tiempos libres. Hablo de leer sobre esos temas que, si bien no pertenecen a tu carrera, pueden ser de gran utilidad en la empresa para la que trabajas. Los diplomados y cursos extracurriculares también son muy útiles porque no solo te permitirán adquirir nuevos conocimientos, sino que además es posible obtener algún documento que avale que has tomado esos cursos.

Cuando hay despidos, los primeros en irse son aquellos que son menos útiles para la compañía, aquellos que son prescindibles y fácilmente reemplazables. Pero cuando demuestras que eres más útil que tus compañeros, el departamento de recursos humanos lo pensará dos veces antes de considerar tu despido.

Aprende idiomas

Mi siguiente consejo sigue siendo sobre aprender cosas nuevas. Y de hecho, esto ya no es una opción. En la actualidad es un requisito indispensable en muchos trabajos.

Aprende algún idioma y de ser posible, aprende varios.

Hoy en día la globalización es más importante que en años anteriores. Y las empresas realmente valoran a aquellos empleados que pueden hablar varios idiomas.

Si estás leyendo este libro, significa que hablas español. Y aunque el español es uno de los idiomas más solicitados a nivel mundial en países no hispanohablantes, el inglés sigue siendo el idioma más importante en los negocios. O como le llaman muchas personas en Asia, principalmente en Corea del Sur, «el idioma del éxito».

Aprender inglés ha pasado de ser una ventaja competitiva a ser algo casi obligatorio para cualquier aspirante. No solo es la lengua de uso común en la primera economía mundial, los Estados Unidos de América, sino que también es la lengua auxiliar más importante del mundo.

Pero además del inglés, existen otros idiomas muy importantes en el mundo actual. Idiomas que sin duda, te darán una mayor ventaja competitiva adonde quiera que vayas. De hecho, hoy en día hablar inglés ya no es sinónimo de ventaja competitiva. En la actualidad, la ventaja competitiva la tienen las personas que hablan más de dos idiomas.

El francés ha sido considerado durante muchos años como la segunda lengua auxiliar más importante, después del inglés. Y aunque hoy en día el idioma francés ha perdido esa condición en favor de otros idiomas como el alemán y el chino mandarín, sigue siendo uno de los idiomas más importantes en la Unión Europea. Sin duda, un idioma muy útil para aquellos profesionales que se vean involucrados en el comercio internacional, principalmente con Europa; así como para los diseñadores de moda, chefs, ingenieros y profesionales del sector turismo. Así mismo, es un idioma muy útil para los residentes de España debido a su proximidad con Francia.

El alemán es el idioma con más hablantes nativos en Europa; siendo oficial en Alemania, Bélgica, Liechtenstein, Austria y Suiza. Un idioma muy favorable para aquellos interesados en el comercio internacional; así como empresarios, ingenieros y economistas. Las empresas valoran a los empleados que hablan alemán con fluidez debido a la complejidad del idioma.

El chino mandarín ha adquirido una gran notoriedad debido a la expansión económica del gigante asiático. Y si bien es cierto que la mayoría de los chinos están estudiando inglés para cubrir los puestos empresariales más importantes, las empresas occidentales comienzan a apreciar cuando uno de sus empleados demuestra cierta fluidez en chino mandarín. Y debido a que es considerada como una lengua muy difícil de aprender, las empresas aprecian a los empleados que logran por lo menos mantener conversaciones en dicho idioma. Definitivamente, un idioma muy útil para aquellos profesionales que buscan incursionar en el mundo empresarial.

El ruso es otro idioma que comienza a tener cierta presencia en el mercado global. Y resulta muy útil para aquellos que trabajen para una empresa internacional. Si bien es cierto que es un idioma muy complejo, el idioma ruso es muy útil en estos días y lo seguirá siendo por muchos años más.

Rusia es parte del BRICS, un grupo conformado por cinco países considerados como potencias económicas emergentes. Por esta razón, el idioma ruso es muy apreciado hoy en día. Eso sin mencionar el gran incremento de turistas rusos alrededor del mundo, principalmente en Europa y América Latina. Sin duda, un idioma muy útil para aquellos que deseen incursionar en empresas internacionales, turísticas y petroleras. Actualmente es uno de los idiomas más solicitados en Europa.

Al igual que Rusia, Brasil pertenece al grupo del BRICS. Por esta razón, el idioma portugués se considera hoy en día como un idioma muy importante en el mercado global; sobre todo si vives en América Latina. Y la buena noticia es que resulta muy fácil de aprender para los hispanohablantes, no solo por su condición de lengua romance, sino que además, se encuentra estrechamente ligada al idioma español. Y con muy poco esfuerzo, aumentarás significativamente el valor de tu currículum.

El árabe es otro idioma que puede resultar muy útil para aumentar el valor del currículum y la promoción personal. Es un idioma muy útil en los países europeos debido a los lazos comerciales con países como Marruecos. Es el idioma común de los países del medio oriente, países con los mayores recursos petrolíferos del mundo y consecuentemente, con un excelente poder adquisitivo. Un idioma muy importante para aquellos interesados en la ingeniería civil, debido a las altas tazas de contrataciones de ingenieros extranjeros en el medio oriente para la modernización de sus ciudades, así como para aquellos interesados en la industria petrolera.

Otro idioma con cierta relevancia en el mundo laboral es el japonés. A pesar de ser hablado únicamente en Japón, el hecho de que el país del sol naciente sea la tercera economía global y uno de los socios comerciales más importantes de los países occidentales, convierte al japonés en un idioma atractivo para los empleadores. Y a diferencia de lo que se suele pensar, la mayoría de los japoneses no se desenvuelven muy bien en inglés.

Los ciudadanos japoneses, por otro lado, son algunos de los clientes más importantes para las empresas turísticas alrededor del mundo —principalmente en las ciudades turísticas de América Latina y Europa—, lo que convierte al japonés en un idioma ideal para aquellos profesionales que laboran en empresas turísticas.

El coreano es otro idioma que está tomando cierta relevancia en el mercado global debido a la gran presencia de marcas coreanas, principalmente de electrónica, alrededor del mundo.

El idioma coreano resulta muy útil en industrias enfocadas a la importación y exportación debido a la fuerte presencia global de marcas de electrónica con sede en Corea del Sur. Sin duda, un idioma muy útil para los profesionales involucrados en la industria logística.

Hazte visible y sé más productivo

Otro consejo que puedo darte para que puedas conservar tu empleo aun cuando exista un recorte de personal, es mantenerte visible e importante para la compañía.

Las empresas valoran a aquellos empleados que son más visibles y por ello, más importantes. De hecho, cuando ocurren despidos, comienzan por las personas «invisibles» y carentes de importancia; aquellos que son fácilmente reemplazables.

También puedes intentar ser más productivo. Trata de crear estrategias que ayuden a la empresa a crecer, pero sobre todo, asegúrate de llevarte el crédito por esas estrategias. En otras palabras, trata de generar logros.

Trata de hacerte notar en tu trabajo, sobre todo ante tus superiores. Pero también debes tener cuidado de no parecer engreído cuando obtengas logros significativos.

Ser más productivo te da una ventaja adicional. En caso de un despido, o si buscas un mejor empleo, habrás aumentado el valor de tu currículum con aquellos logros que has obtenido al ser más productivo.

Flexibilidad

Aprende a ser más flexible. Trata de no encasillarte en un papel específico dentro de la empresa. Evita ser demasiado rígido con tu agenda laboral.

Las empresas prefieren a aquellos empleados que no temen cambiar su rutina o lugar de residencia en favor de la empresa. La flexibilidad puede parecer a venderle el alma a la empresa. Pero debes recordar que si logras obtener cierto reconocimiento dentro de la empresa en la que estás laborando, ese reconocimiento te servirá para tener un currículum más atractivo; lo que te ayudará a buscar un mejor trabajo en el futuro si así lo deseas.

Empleados inflexibles hay muchos y son fácilmente reemplazables. Los empleados flexibles, por otro lado, son muy escasos y altamente valorados.

Especialización

La especialización es otra de las cosas que aumentan valor a tu currículum y con ello, tu permanencia dentro de cualquier compañía. Inscríbete a cursos, diplomados y especializaciones

BIENVENIDO A LA EMPRESA: MÁS DE 200 CONSEJOS PARA ASEGURAR TU CONTRATACIÓN

que estén enfocados a las áreas en las que te desenvuelves. Todos esos cursos aumentarán el valor de tu currículum y te ayudarán a disminuir la posibilidad de ser despedido cuando se realice algún recorte masivo de personal.

Creo que no tengo más consejos para darte. Supongo que los consejos que te he dado, no solo en este capítulo, sino a lo largo de las páginas de este el libro, te serán de gran ayuda para encontrar un empleo, mantenerlo y quizá obtener un mejor puesto en poco tiempo.

No sé dónde estés viviendo, pero los consejos que te he dado te servirán en cualquier parte del mundo. Lo más importante es que los entiendas y los pongas en práctica. Haber leído este libro no servirá de nada si no pones en práctica los consejos que te he mencionado.

El mundo no va a cambiar. Eso es algo que todos deberíamos aceptar. Pero siempre existen dos opciones: quejarse y lamentarse por el mundo en el que vivimos; o tratar de comprenderlo, adaptarnos, y encarar la vida que tenemos. Yo prefiero la segunda opción. Por lo menos evito el sufrimiento autoinfligido y trato de buscar una solución a un problema que sé que persistirá por un tiempo más.

Lo que quiero decir con esto es que el mundo vive tiempos de crisis. Y no podemos esperar a que eso cambie en el futuro próximo. Podría mejorar, sí. Pero también podría empeorar. ¿Te quedarás ahí sentado esperando a que se abran nuevos puestos de trabajo, o prefieres encarar la crisis y encontrar un empleo aun cuando las probabilidades parezcan pesimistas?

Los consejos que te he dado te ayudaran a ajustar las probabilidades a tu favor. Pero para que exista un cambio verdadero en tu vida, debes tomar la decisión de actuar.

En la sabana africana, si la gacela no corre, el león se la come. Pero si la gacela corre, el león no comerá ese día. Lo mismo ocurre en nuestra selva de concreto. Si tú no buscas el empleo, otra persona lo obtendrá. Si tú lo obtienes, otra persona lo perderá. Y aunque te parezca una visión cruel de la vida, en cierto modo lo es. Y nada va a cambiar con solo desearlo. Hay que intentar hacer las cosas, si es que de verdad queremos hacerlas; si es que de verdad queremos un cambio.

Conseguir un empleo será el primer paso hacia una vida mejor. Una vida en la que tus problemas económicos sean cosa del pasado, o por lo menos, sean menores. Un camino hacia la independencia financiera que, en cierto modo, es algo que buscan la mayoría de las personas en este mundo.

Este libro es tan solo el primer paso para una mejor vida laboral. Y a medida en que tu vida laboral avance, te darás cuenta de que en realidad, la mayoría de estos consejos no solo te servirán para obtener un empleo, sino que además te serán de gran ayuda para aumentar tu credibilidad y confianza en cualquier ámbito de tu vida. Y ciertamente, todo eso es mejor que simplemente encontrar un empleo.

Agradecimientos

Debo admitir que nunca pensé escribir este libro. Todo había comenzado como una simple investigación escolar. Pero nada de esto hubiese sido posible si no hubiese sido por un grupo de personas que a pesar de estar ocupados durante todo el día, decidieron concederme unos minutos de su tiempo.

A todos ellos no me queda más que agradecerles por todo: su tiempo, su paciencia y todos los consejos que me dieron en aquel momento.

Mi agradecimiento no es en vano. No solo me ayudaron a conseguir buenos empleos cuando logré salir de la universidad, sino que también, sin siquiera imaginarlo, sentaron las bases para que pudiera escribir este libro y sin saberlo, ayudaron a muchas personas más.

Muchos de ellos tuvieron que hacer también un esfuerzo para poder romper la barrera del idioma, especialmente aquellos que no hablaban español o inglés como primera lengua. Al no entender a la perfección los idiomas que hablo, pudieron simplemente haber dicho que estaban demasiado ocupados y que no tenían tiempo para concederme una entrevista. Pero en lugar de ello, hicieron un gran esfuerzo para entender y hacerse a entender.

No creo que existan palabras en el idioma español —ni en cualquier otro idioma— que puedan expresar el agradecimiento y admiración que siento por todos ellos.

Quisiera agradecer especialmente a Philip Müller, Joe Stephen, Gisselle Kurtz, Joan Walden, Greg Schulz, Ashton Clever, Angelica Rossi, Alicia Gutierrez, Sofía Villarreal, Marco Ferrari, Gerardo Urbini, Gerald Blanc, Michael Johnson,

Rachel O'Brian, Eric Anderson, Gabriela Díaz, Enrique Salvatore, Carlos León, Rubén Martolini, Kevin Marc, Germán Hernandez, Álvaro Montez, Peter Arlington, Mariana Alcántara, Alex Smith, Félix Montenegro, Erica Paige, Marco Panetta, Paula Castilla, Anne Carlton, Richard Liang, Carla Asunción, José Gutierrez, Marie Leblanc, Jason McCormick, Josefina Martí, Mario Palmer, Antony Cartman, Marc Stephan, Roberto Paletta, y Antonella Navarro.

Y aunque soy consciente de ser el autor de este libro, es probable que no hubiese tenido suficiente material para escribir todo un libro si no hubiese sido por toda la ayuda que recibí. Por lo que considero que debo compartir el crédito con todos ellos. Ya que sin su ayuda, este libro quizá no existiría.

Todos los consejos que recibí me han sido muy útiles durante muchos años y espero que ahora puedan ser de utilidad para muchas personas más.

Sobre el autor

MATIAS ASTORI. Apasionado y estudioso del comportamiento y las relaciones humanas. Comenzó a estudiar programación neurolingüística en el año 2005. Posteriormente comenzó a estudiar otras disciplinas afines como psicología, antropología cultural y principios de neurociencias, entre otras.

Su primer libro, *Bienvenido a la empresa*, publicado en el año 2014, fue el resultado de una una larga investigación personal en conjunto con una serie de entrevistas con reclutadores de recursos humanos de todo el mundo.

Actualmente trabaja como autor de tiempo completo y pasa la mayor parte de su tiempo trabajando en nuevas entregas, así como en investigaciones personales.

www.ingramcontent.com/pod-product-compliance
Lightning Source LLC
Chambersburg PA
CBHW020858180526
45163CB00007B/2543